重庆历史政德人物

重庆市地方志办公室　编著

西南师范大学出版社
全国百佳图书出版单位　国家一级出版社

图书在版编目（CIP）数据

重庆历史政德人物／重庆市地方志办公室编著. —重庆：西南师范大学出版社，2018. 7
ISBN 978-7-5621-9547-4

Ⅰ. ①重… Ⅱ. ①重… Ⅲ. ①历史人物-生平事迹-重庆 Ⅳ. ①K820.871.9

中国版本图书馆 CIP 数据核字（2018）第 171004 号

重庆历史政德人物
CHONGQING LISHI ZHENGDE RENWU
重庆市地方志办公室 编著

责任编辑 张昊越
出版发行 西南师范大学出版社
地址：重庆市北碚区天生路 2 号
邮编：400715
http://www.xscbs.com
经　　销 全国新华书店
印　　刷 重庆巴南彩印厂
幅面尺寸 170mm×240mm
印　　张 15.75
字　　数 200 千字
版　　次 2018 年 8 月 第 1 版
印　　次 2018 年 8 月 第 1 次印刷
书　　号 ISBN 978-7-5621-9547-4

定　　价 56.00 元

《重庆历史政德人物》编写组

编　　著： 重庆市地方志办公室

统　　稿： 刘文海　夏小平

编纂人员： 殷　智　刘明海　董宁波　熊蜀黔
洪　霞　夏吉敏　郭永彬　赵锐涛
陈　伟　司逸澈　杨祖静　熊　英
冉　洁　陈欣如　张　莉　高　博

编写说明

一、《重庆历史政德人物》以马克思列宁主义、毛泽东思想、邓小平理论、“三个代表”重要思想、科学发展观和习近平新时代中国特色社会主义思想为指导，坚持实事求是的思想路线，运用辩证唯物主义和历史唯物主义的立场和方法，客观、真实、系统地记述自先秦至清末在重庆地区产生过较大影响和作用的部分历史政德人物。

二、《重庆历史政德人物》主要收录在明大德、守公德、严私德上有突出表现的，产生较大影响和作用的代表性人物。

三、《重庆历史政德人物》以重庆籍人物为主，包括在重庆地区有过重要活动的客籍人物，以及对重庆有重大影响的人物。

四、《重庆历史政德人物》采用人物传记的编写形式，包括生卒年、籍贯、职务、生平事迹等要素，以及人物涉及的重大事件、重要言论、人物评价和定位、民间传说、后世纪念活动、相关遗迹遗址等内容。

五、《重庆历史政德人物》中生卒年统一采用公元纪年法。人物事迹的年代采用历史纪年，其后括注公元纪年。

六、《重庆历史政德人物》中古今地名称谓不同者，一般括注当代地名。

七、《重庆历史政德人物》的编写广泛参考了史书、地方志、人物辞典、人物图书、学术专著和论文，力图客观真实、全面系统、图文并茂地反映人物的历史影响和在政德方面的突出表现。

目　录

唐宋元时期

明清时期

先秦时期

禹

禹（生卒年不详）　姓姒，名文命。史称大禹、帝禹，为夏后氏首领、夏朝开国君王。禹是黄帝的玄孙、颛顼的孙子。其父名鲧，被帝尧封于崇，为伯爵，世称“崇伯鲧”或“崇伯”，其母为有莘氏之女脩已。相传，禹治理黄河有功，受舜禅让而继承帝位。在诸侯的拥戴下，禹王正式继位，以阳城为都城（一说以平阳为都城），国号夏。并分封丹朱于唐，分封商均于虞。禹是夏朝的第一位天子，因此后人也称他为夏禹。他是中国古代传说中与尧、舜齐名的贤圣帝王，他最卓著的功绩，就是历来被传颂的治理滔天洪水，划定中国版图为九州。后人尊称他为大禹。禹死后安葬于会稽（今浙江绍兴）山上，

大禹娶涂山氏传说地——涂山

从夏启开始，历代帝王大都到禹陵祭祀他。

禹为夏后氏部落首领。《帝王世纪》：“禹生于石纽，西夷之人也。”据考证，禹是今四川人。传说远古时代禹娶于重庆涂山。重庆市古为江州，涂山在长江以南，属今重庆市南岸区。重庆真武山存有涂山古刹，纪念他在江州与涂山氏的姑娘女娇成婚。婚后第四天，禹接到舜让他治水的命令，他离别妻子，开始了长达十三年的治水生涯。

大禹治水遗迹——位于朝天门码头外的呼归石

禹走遍天下，对各地的地形、习俗、物产等皆了如指掌，他根据山川地理情况，将中国分为九个州，就是：冀州、青州、徐州、兖州、扬州、梁州、豫州、雍州、荆州。他的治水方法是把整个中国的山山水水当作一个整体来治理，他先治理九州的土地，使得大量的地方有了肥沃的土地。然后他治理山，经他治理的山有岐山、荆山、雷首山、太岳山、太行山、王挝山、常山、砥柱山、碣石山、太华山、大别山等，目的是要疏通水道，使得水能够顺利往下流去，不至于堵塞水路。山路治理好了以后，他就开始理通水脉。禹与伯益和后稷一起，视察河道，总结了其父亲治水失败的教训，改革治水方法，以疏导河川为主导，利用水向低处流的自然趋势，疏通了九河。治水期间，禹翻山越岭，趟河过川，拿着测量仪器工具，从西向东，一路测度地形的高低，树立标杆，规划水道。他带领治水的民工，走遍各地，根据标杆，逢山开山，遇洼筑堤，以疏通水道，引洪水入海。禹为了治水，费尽脑筋，不怕苦，不怕累，经过十三年治理，终于取得成功，消除了中原洪水泛滥的灾祸，昔日被水淹没的山陵恢复了峥嵘，农田变成了粮仓，人民又能筑室而居，过上幸福富足的生活。

后人感念他的功绩，在涂山建立“禹王庙”“涂后祠”用作祭祀。其他地方的人民也为他修庙筑殿，尊他为“禹神”。我们整个中国也被称为“禹域”，即是说，这里是大禹曾经治理过的地方。抗日战争时期，中国工程师学会总部内迁重庆，认定他是中国最早的工程师，于 1940 年 12 月在重庆通过决议，规定禹的生日即农历六月六日为工程师节，每年的这一天，总会与各地分会都要举行纪念活动。

围绕禹这个神话传说人物，众多历史书籍记载了许多如“三过家门而不入”“涂山之会 ”“铸造九鼎”等传说故事。

三过其门而不入　劳心劳力治水

传说禹在治水期间，曾经三次经过自己的家门，却一次都没有回家。禹与涂山氏女娇新婚不久，就离开妻子，踏上治水的征程。后来，他路过家门口，听到妻子生产、儿子呱呱坠地的声音，但一想到开山导流刻不容缓，便顾不上回家，又走上了治水一线。第三次经过家乡的时候，其子启正被母亲抱在怀里，他已经懂得叫爸爸，挥动小手，和禹打招呼，禹只是向妻儿挥挥手，表示自己看到他们了，还是没有停下来回家看望家人一眼，为了大家舍小家。“三过家门而不入”，正是他为了人民劳心劳力治水的最好诠释。

涂山之会　夏王朝肇始

夏王朝建立后，大禹在涂山召开诸侯大会，以检讨自己的过失。这次涂山之会一般被认为是中国夏王朝建立的标志性事件。大会举行时，禹穿上法服，手执玄圭，站在台上，四方诸侯按着他们国土的方向两面分列，齐向禹稽首为礼，禹在台上亦稽首答礼。礼毕之后，禹大声向诸侯说道："我德薄能鲜，不足以服众，召集大家开这个大会，为的是希望大家对我要规诫、劝喻，使我知过，使我改过。我胼手胝足，平治水土，虽略有微劳，但生平所最应自戒的是个'骄'字。先帝亦常以此来告诫我说：'汝惟不矜，天下莫与汝争能；汝惟不伐，天下莫与汝争功。'如果我有骄傲之处，请大家当面告知，否则就是叫我不仁啊！对大家的教诲，我将洗耳恭听。"大家都明白禹受命于天，原本对禹有意见的诸侯看到禹的这种态度，也都表示敬重佩服，消除了原先的疑虑。史书记载"禹会诸侯于涂山，执玉帛者万国"。

铸造九鼎　确立王权至上

涂山大会之后，为表示敬意，各方诸侯常来阳城献金（即青铜），后来，九州所贡之金年年增多，禹想起从前黄帝轩辕氏功成铸鼎，为了纪念涂山大会，就准备将各方诸侯进献的金，铸造成几个大鼎。后九鼎（即冀州鼎、兖州鼎、青州鼎、徐州鼎、扬州鼎、荆州鼎、豫州鼎、梁州鼎、雍州鼎）铸成，鼎上铸着各州的山川名物、珍禽异兽。九鼎象征着九州，其中豫州鼎为中央大鼎，豫州即为中央枢纽。九鼎集中到夏王朝都城阳城，借以显示禹为九州之主，天下从此一统。九鼎继而成为"天命"之所在，是王权至高无上、国家统一昌盛的象征。

禹在位的第十年东行，到了会稽后去世（《竹书纪年》载为四十五年），皇甫谧认为禹享年一百岁左右。禹去世后，其子启继夏朝天子位。禹的陵寝位于浙江省绍兴市越城区禹陵乡禹陵村，是后人为颂扬和纪念中国古代第一位治水英雄和夏朝的奠基者大禹而修建的。周武王灭商建周后，封禹王的后裔东楼公于杞地，主管对禹的祭祀，大禹王祭祀为国家祭祀。以后各朝各代都有祭祀大禹的活动。秦始皇三十七年（公元前 210 年），秦始皇"上会稽，祭大禹"。北宋建隆元年（960 年），宋太祖颁诏保护禹陵，开始将祭禹正式列为国家常典。明清两朝的祭禹仪式和制度最为完备，典礼也最为隆重，明清两朝大祭禹陵各达20多次。

禹为中华民族的历史发展做出了巨大贡献。他的重大功绩不仅在于治理洪水，发展国家生产，使人民安居乐业，更重要的是结束中国原始社会部落联盟的社会组织形态，创造了“国家”这一新型的社会政治形态。禹完成了国家的建立，用阶级社会代替原始社会，以文明社会代替野蛮社会，推动了中国帝王历史的沿革发展。

大禹治水反映了中国古代劳动人民治理洪水的艰苦卓绝的斗争过程，他们所表现出来的那种执着的信念和前赴后继、不屈不挠的伟大斗争精神，至今依然闪烁着灿烂的光芒。

（赵锐涛）

参考资料：

1. 山海经

2. 重庆市地方志办公室编纂委员会：《重庆名人辞典》，四川大学出版社，1992

3. 袁珂：《中国神话传说词典》，上海辞书出版社，1985

巴蔓子

巴蔓子塑像

巴蔓子（生卒年不详）本名蔓子，人称巴蔓子，相传生于东周末年的临江城（今重庆忠县），巴国忠义将军。2005年，巴蔓子被评为“重庆十大历史文化名人”之首，成为重庆人文精神的杰出代表。

古老传说　巴人世居之地

据考古发掘，巴国地区史前文化发端于200万年前的旧石器时代早期，巴人先民们世世代代在重庆地区这片神奇的土地上生息繁衍。

《山海经·海内经》记载：“西南有巴国。大皞生咸鸟，咸鸟生乘厘，乘厘生后照，后照是始为巴人。”太蘱即上古时代东方部落首领伏羲，后照为巴人始祖。据《后汉书·南蛮西南夷列传》记载："巴郡南郡蛮，本有五姓：巴氏、樊氏、瞫氏、相氏、郑氏。皆出于武落钟离山。其山有赤黑二穴。巴氏之子生于赤穴，四姓之子皆生黑穴，未有君长，俱事鬼神。乃共掷剑于石穴，约能中者奉以为君。巴氏子务相乃独中之，众皆叹。又令各乘土船，约能浮者当以为君，余姓悉沉，惟务相独浮。因共立之，是为廪君。乃乘土船，从夷水至盐阳，盐水有神女谓廪君曰：'此地广大，鱼盐所出，愿留共居。'廪君不许，盐神暮辄来取宿，旦即化小虫，与诸虫群飞，掩蔽日光，天地晦冥，积十余日。廪君伺其便因射杀之，天乃开明。廪君于是君乎于夷城，四姓皆臣之。"说的是巴郡南郡蛮原有五支姓：巴氏、樊氏、瞫氏、相氏和郑氏。他们都发源于武陵钟离山。钟离山有一个红穴和一个黑穴，巴氏的孩子生在红穴中，另外四姓的孩子都出生在黑穴里面。他们没有首领，都事奉鬼神，于是一同向一个石洞投掷剑，约定谁能投中，就拥戴他为国君。结果只有巴氏的孩子务相投中，大家都惊叹。他们又让孩子们乘用泥土做成的船只，约定谁能在水面上漂浮，将立他为国君。其他姓氏的孩子乘的船都沉了，惟独务相的船浮在水面上。因而大家一同立他为国君，就是廪君。廪君于是乘坐泥土制作的船，从夷水到盐阳。盐水有位神女对廪君说："这地方广阔，是出产鱼和盐的地方，希望你留下来一同生活。"廪君不答应，盐神便每天晚上来和他同宿，天明就变成虫子，与许多虫子一起飞，把阳光遮蔽了，天地一片昏暗。过了十多天，廪君窥见机会，就用箭射杀了盐神，天空这才光明。廪君于是在夷城当国君，其他四姓都向他臣服。廪君率领族人溯流而上，凭借武力和船技战胜了原住民"载人"，控制了清江流域及巫溪流域的盐业生产，在夷城（今湖北长阳）建立了巴国第一个首都。

巴国历史　源远流长

据《辞源》记载：巴国，古国名，位于今重庆市及四川省东部一带。夏朝时称为“巴方”，商朝时称为“巴奠（甸）”。巴奠（甸）向商朝年年纳贡，岁岁服役。后来巴人不甘商朝的压迫，于公元前11世纪，参与周武王伐纣，由于巴人英勇善战，迫使纣王军队阵前倒戈，终于打败商纣王，西周建立。

西周初期分封了71个诸侯国，巴首领为姬姓宗族，子爵，因而叫巴子国，通常简称巴国。巴国的地域大致在陕南的汉水上游，南及大巴山北缘，东至襄阳，春秋时有所扩展。巴国与西周王室一直保持着友好的关系。春秋时期，巴国与蜀、楚、邓、庸等为邻。这时，楚国已在南方崛起，巴国开始受楚国的控制，一度与之结成联盟。但是，巴国人不愿意受人挟持，虽然表面上承认楚国的宗主国地位，但一有机会便起来反楚。战国初期迫于楚的压力，巴国举国南迁至长江干流，先后在清江、川峡之间至重庆立国。战国时期，巴国的疆域“其地东至鱼复，西至僰道，北接汉中，南及黔涪”。其疆域之辽阔，包括今重庆全境、湖北恩施、川东北部分地区。

借兵平乱　刎颈献首兑诺

晋人常璩《华阳国志·巴志》中记载，从春秋时期开始，巴国与楚国虽是长江中上游地区相邻的两个大国，但在中原各诸侯国的眼中，仍被视为蛮夷之国，所以巴国与楚国常常结成同盟，以维持各自的地位和利益。譬如楚与巴曾联合讨伐位于河南南阳一带的申国，在鲁文公十六年（公元前611年）又联手灭掉了位于鄂西（今湖北竹山一带）的庸国。联盟带来的好处，是使双方都得到壮大。但巴国与楚国又经常发生矛盾，甚至相互打仗。譬如鲁庄公十八年（公元前676年），双方出兵伐申国时，楚文王使巴军惊骇，而导致了巴与楚关系的破裂。《左传》与《华阳国志》都记载了此事，究竟是什么原因则没有详说，总之巴人非常生气，转而出兵伐楚，在津地（今湖北江陵一带）将楚军打得大败，楚文王也因此病死了。

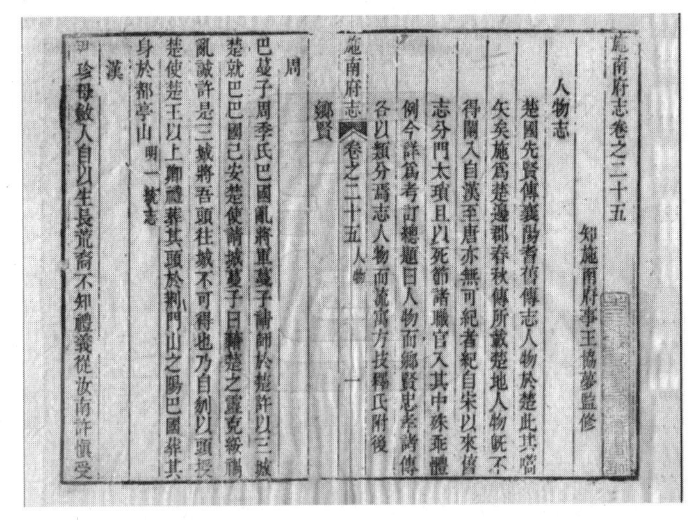

施南府志卷之二十五

知施南府事王協夢監修

人物志

楚國先賢傳襄陽耆舊傳志人物於楚此其嚆矢矣施爲楚邊郡春秋傳所載楚地人物既不得闌入自漢至唐亦無可紀者紀自宋以來舊志分門太頊且以死節諸職官入其中殊乖體例今詳爲考訂總題曰人物而鄉賢忠孝詩傳各以類分焉志人物而流寓方技釋氏附後

施南府志　卷之二十五　人物　一

鄉賢

周

巴蔓子周季氏巴國亂將軍蔓子請師於楚許以三城楚就巴巴國已安楚使請城蔓子曰藉楚之靈克弭禍亂誠許是三城將吾頭往城不可得也乃自刎以頭授楚使楚王以上卿禮葬其頭於荊門山之陽巴國葬其身於都亭山　明一統志

漢

珍母斂人自以生長荒裔不知禮義從汝南許愼受

《施南府志》关于巴蔓子的记载

到了鲁哀公十八年（公元前477年），巴人再次伐楚，包围了楚国的鄾邑（今湖北襄阳附近），这次巴人就没有那么幸运了，楚国派出了三位能干的将领，击败了巴军。这是巴、楚之间两次比较大的战役，其他各种小型摩擦可能就更多了，《华阳国志·巴志》说“巴、楚数相攻伐，故置扞关、阳关及沔关”，就如实地反映了这种状况。又说“巴子时虽都江州，或治垫江，或治平都，后治阆中”，巴国多次迁都并建立了陪都，很可能也与巴楚战争而引起的形势强弱变化有关。打仗消耗国力，对双方都没有什么好处，所以最明智的做法仍是以和为贵。战国时期巴与楚曾采用联姻的方式，来改善两国的关系。

战国中期，巴国内部发生武装叛乱，但此时巴国国力衰落，兵力不足，于是将军巴蔓子决定向东边邻国楚国借兵，平定叛乱。楚王要求巴蔓子割让三座城池作为出兵条件，巴蔓子对楚王说，巴国百姓正在遭受灾难，时间耽搁不得，并许诺平定后，如果楚国未得到三座城池，就把脑袋献给楚王。得到楚国援兵后，巴蔓子平息了国内叛乱。楚国派出使者要求巴蔓子兑现承诺，巴蔓子回答说：“许诺，为大丈夫之言。然，巴国疆土不可分，人臣岂能私下割城。吾宁可一死，以谢食言之罪。”说完，“蔓子乃自刎，以头授楚使”。

忠县刎首处，现已在江底，忠州镇“半边街”城墙

楚使带着巴蔓子的首级回国复命，楚王知情后感慨道，如果楚国能得到巴蔓子这样的将军，又怎么会在乎几座城池呢？于是下令以上卿之礼厚葬了巴将军的头颅。巴国也为将军举行了国葬，其无头之躯埋葬在国都江州，任后人缅怀凭吊。清道光《忠州志》（校注本）：蔓子，州人，为巴将军，夔子伐巴，巴人求助于楚，许楚三城。巴平，楚人索城，蔓子适守忠州，忠州为三城之一。蔓子曰：“吾头可断，城不可得！”遂刎首存城。余详名宦。忠人至今德之，立庙尸祝，于每年之三月三日，敬礼尤虔。是日即当年刎首日也。祀乡贤并祀名宦。

典籍记载　后世褒扬

巴蔓子的故事在后世曾广为流传。《宋本方舆胜览》卷六一就转载了《华阳国志》中关于巴蔓子事迹的记述，说施州（今湖北恩施）迄今仍有巴蔓子庙，又说巴人“士颇尚气”，便显示了“有巴蔓子代节死义之遗风”的缘故。《大明一统志》卷六九也转引了巴蔓子的事迹，卷六六说楚“葬其头于荆门山之阳”，巴国葬其身于施州清江县都亭山。《蜀中名胜志》卷十九也记述说，忠州附近有蔓子冢，又说

“巴王庙在州东一里，神即蔓子将军也”。

唐贞观八年（634 年），太宗皇帝念巴将军的忠仁，改其故里“临州”为“忠州”。宋时，人们在忠州城内为巴将军建了一座祠庙，以供后世人瞻仰，该祠早称永贞祠，后称巴王庙。据《忠县统一战线志》载：巴王庙位于忠县白石镇巴岭村四组，始建年代不详。现遗址在巴营场西南隅巴扎岭上八星寨内，依山而建。相传巴蔓子曾在此屯兵驻扎操练，后巴蔓子自刎割头护国，乡民自发在此岭上筑庙祭之。据村民杨诚久讲述，民国年间，尚存四合院式土木结构建筑，由北至南依次有山门殿、钟楼、鼓楼、大殿等建筑。整座殿宇依山势而建，布局精致，规模齐备，功能完善。殿内供有神佛塑像五十余尊，庄严如法、栩栩如生。山门殿内正面奉泥塑关圣神像一尊，东西两侧为四大天王。进而为天井，青石铺砌，天井中置有一只高约两米的铁香炉。沿三十二级石梯而上为大殿三间，分奉佛爷、观音、巴蔓子木身塑像。大殿门额上方悬挂有“忠烈千秋”匾额，据传为清光绪戊子科忠郡举人吴开南题写，字体圆润饱满、遒劲有力。每年农历三月七日，邑人祭蔓子神灵，将巴王神像迎请至巴营场上张爷庙内祭祀，焚檀燃蜡，受庶民膜拜后，再送回到巴王庙内供奉。

明代万历年间，忠州重建巴王庙，亦称忠贞祠。清以后，巴工庙改称土主庙。庙内供奉巴蔓子将军夫妇神像，头为泥塑，身为木雕，四肢可动。将军头戴王冠，身着缎绣龙袍，坐垫为虎皮褥子；其夫人凤冠玉佩，胜似皇后。神像左右立两员战将，泥塑。土主庙有两名毞司，主持早晚祭祀，其生活来源，一是每月初一、十五群众祭庙的贡品和捐资；二是庙产收入。庙产有十多亩田土，是用每年办“三月会”积累的余金购置的。

此后，每年的农历三月三日，忠州城内都要举行盛大的“三月会”以纪念其功绩。据明代史籍记载：“每值会期，旗帜塞巷，金鼓鸣街，彩亭锦棚，相望盈道。”

“三月会”本名“土主会”。民国年间，全是由县里有名望的官绅以及各行各业的头面人物操办。他们组成“土主会”，会首有三十余人，其中一名首席会首，多是当时的官吏。“土主会”每年选举调整会首一次。会首以下设若干管事，分管庙会祭祀、日常事务、财会、物质保管、外交、募捐、游艺等具体工作。

“三月会”庙会历时两天。历史上还出现过三天。第一天是三月初三，称为“扫街”，取“贵人出行，清洁四面”之意。第二天是三月初四，巴蔓子将军刎首留城之日，三月初四为正会，又是三道报子过后，声势浩大的庙会游行开始。队伍前面是一对六七尺长的大喇叭，四面直径为三尺的大号锣，一个四人抬的直径为六尺的大皮鼓，号鼓齐鸣，声震山城。紧接着是一面“巴国土主蔓子将军刎颈留城”的大直幅会标，后面是土地神，两边是牛头马面、黑白无常，最后是三队士兵：一队执神幡，一队执风火旗，一队执“肃静”“回避”牌。他们走在前面，为巴蔓子将军出游“鸣锣开道”。

各民间组织、单位、街道、学校、店铺、外地来宾和各乡镇来的锣鼓吹手等都列入游行队伍。这支队伍异常庞大，游艺表演丰富多彩。整个游行队伍约有 4 千米长，从土主庙后较场坝出发，经苏家梯子、东门、弓箭街到北门场；再经福音堂、十字街、老衙门出西门，过临江岩、老大桥，到老官庙。至此，队伍略微休息一下，让巴蔓子将军夫妇至肖公殿拜见其岳父母后，又继续游行回城（忠县辟建西山公园后，游行队伍都要到公园广场集中听当时的县长讲话后再继续游行回城）。回城路线是：下姚家梯子到河坝，过鸣玉溪，经铁匠炉街，进下南门过半边街、严颜桥、老戏楼回土主庙。

每逢“三月会”，远近前来赶会的人数以万计，各行各业都利用“三月会”进行物资交流。各类商店准备了几个月的货，一下就销售一空，餐馆、旅栈等服务行业也都生意兴隆。“三月会”对繁荣当时忠县的经济起了很大作用。

头断头不断　万古须眉宛然见

巴蔓子墓

巴王以上卿礼厚葬其身，身葬何处？有三种版本：

一说是葬在距今湖北利川城西40千米处的都亭山，为清江的发源地。据《大明一统志》载：楚葬其头于荆门山之阳，巴葬其身于清江县（今湖北利川）西北都亭。

二说是葬在忠州城西北500米处。根据明代《蜀中名胜记》载：“忠州治西北一里，有蔓子冢。”

三说是葬在巴国都城江州。清代《巴县志》及民国《巴县志》均记载，今重庆市渝中区七星岗莲花池渝海大厦负一层为巴蔓子将军墓地，据传说就是其身躯埋葬的地方，俗称“将军坟”。1922年，川军第一军军长兼川东边防督办但懋辛先生主持重修，并立碑题词“东周巴将军蔓子墓”。墓地为拱形石洞，墓长4.78米，宽5.2米，高2.6米，面积约20平方米。墓由石条砌成六角形，顶为圆形，以三合灰封砌。墓前有石砌仿木结构歇山式房盖，正面嵌青峡石碑。墓室及墓碑等风化严重，隐约能看出墓呈六边形，全部石封。墓上有一楹联：“头断头不断，万古须眉宛然见。城许城还存，年年春草青墓门。”此联为清乾隆年间先为忠州知州，后为巴县县令的王尔鉴所题。

明代曹学佺撰《蜀中名胜记》上记载：“郡学后莲花坝，有石麟石虎，相传为巴王冢。”后来发现了一些随葬物品，证明埋葬的不是国王，而是将军，因此这里也被老百姓叫作了将军坟。

在中国历史的长河中，身首异处，而能由两交战国以“上卿”或“诸侯”之礼举哀或安葬的将军从古至今只有两位，一位是春秋战国时代的巴蔓子，一位是三国时代的关羽。现重庆市巴南区双忠祠有一对联：“国士无双双国士，忠臣不二二忠臣。”“双国士”即指巴蔓子和秦良玉将军。

清代进士龙为霖作《踏青过巴蔓子墓》：“刎颈高风悬日月，存城旧事邈山河。行经西路孤坟惯，思入东风芳草多。得如此臣真足矣，无降将军更如何。廉颇生懦归忠魄，岁岁游人莫浪过。”

清乾隆《巴县志》的作者王尔鉴作《巴蔓子墓》：“穹窿哉，蔓子墓，渝城颠，石封固。多少王侯将相陵寝穴，樵儿独此屹立，两江虹势迴盘护。头断头不断，万古须眉宛然见。

巴蔓子墓文物牌

城许城还存，年年春草青墓门。君不见，背弱主，降强主，断主之头献其土。又不见，明奉君，暗通邻，求和割地荣其身。惜哉不识蔓子坟。”

清道光年间黄中瑜的《巴蔓子墓》云：“一个尸留两地香，想见当年气英武，身前为国靖干戈，身后乡祠祀尊俎。”末云：“兴亡事亦只寻常，气壮山河万万古，巴人楚人今安在，犹剩将军一抔土。”

清道光年间万县训导龚珪的《巴蔓子墓》云：“信固不可失，城尤不可与，身不妨碎城当全，身碎定当残垒补。戈同挥鲁阳，触异颓天柱。吾安复用吾头戴，气屹金镛壮千橹，荒邱尚余腔血热，草木都作毛发竖。风怒号助石马嘶，月阴森疑翁仲语。将军英魄作保障，流览河山卫旧部。”

清咸丰年间户部侍郎、兵部侍郎何彤云作《巴蔓子墓》：“臣头可得城难与，一剑临风谢强楚，将军真是社稷臣，不惜一身保疆土。碧血藏向巴山头，巴山山下江水流，龟筮不言近朝市，佳城郁郁春复秋。焉知阅世三千年，一抔乃入丞相园；丞相行乐期无死，岂肯与鬼为比邻？削平丘垄起楼阁，那恤忠愤埋九原！经营未尽豪华歇，将军之墓万古存！”

（殷　智）

参考资料

1. 忠县志编纂委员会：《忠县志》，四川辞书出版社，1994

2. 重庆市地方志办公室编纂委员会：《重庆名人辞典》，四川大学出版社，1992

3. 夏征农、陈至立：《辞海（第六版缩印本）》，上海辞书出版社，2010

4. 山海经
5. ［南朝宋］范晔：《后汉书》
6. ［明］曹学佺：《蜀中名胜记》
7. ［清］侯若源、庆征修：《忠州直隶州志（清同治校注本）》
8. ［清］王尔鉴：《巴县志》
9. ［东晋］常璩：《华阳国志》
10. ［明］李贤、彭时等：《大明一统志》
11.《忠县文化艺术志》，内部出版物
12.《忠县统一战线志》，内部出版物

张　仪

张仪（？—公元前309年）魏国安邑（今山西万荣）人，魏国贵族后裔，战国时期著名的纵横家、外交家和谋略家。张仪为秦相，出使游说各诸侯国，使各国纷纷由合纵抗秦转变为连横亲秦，被秦王封为武信君。张仪首创“连横”的外交策略，破坏了六国合纵，为秦国横扫天下奠定了基础。

张仪塑像

才逢明主　马遇伯乐

张仪是魏国人，据说是传说中的人物、纵横家鬼谷子的学生。张仪以自己的口才为傲，又充满乐观精神。早年他曾经到楚国游说，楚相邀他一起饮酒，不料楚相丢失了璧玉，其门人诬陷张仪盗璧，将他抓起来严刑拷打。被释放后，张仪的妻子对他说：“你要是不读书，不四处游说，岂会遭受今日之羞辱?”张仪问他妻子：“你看我的舌头还在不在?”其妻回答：“还在。”张仪说：“那就足够了。”他继续周游列国，寻找实现理想的机会。最终，他来到了秦国。

秦国本是战国群雄中国力较弱的国家。战国中期，秦孝公重用商鞅，实施变法，国力不断增强。通过两次河西之战，秦国夺回了被魏国侵占了几十年的河西地区。秦国从西陲崛起，引起山东各国的不安。秦惠文王继位后，以公孙衍、惠施为代表的纵横家提出合纵思想，主张山东六国联合起来共御强秦，并在政治实践中不断推动，这给一直寻求向东突破的秦国造成了极大的困难，同时也为张仪发挥政治才华提供了绝佳的机会。

秦惠文君器重张仪的智谋，任用他当客卿，常常向他征求攻伐诸侯的计策。张仪劝秦惠文君应该将军事和外交的重心转移到自己的邻居魏国身上来，虽然从商鞅变法后，魏国几次战争都败于秦国，但毕竟根基还在，一旦缓过劲儿来，对秦国将十分不利。秦惠文君如梦初醒，采纳了他的建议。公元前 328 年，秦惠文君派遣公子华和张仪攻打并占领了魏国的蒲阳。随后，张仪施展了他高超的政治手腕。他首先劝秦惠文君把蒲阳归还魏国，并派公子繇到魏国去做人质。随后，张仪又劝说魏王给秦国回礼：“秦国对待魏国如此地宽厚，魏国不可不以礼相报。”魏国因此把上郡十五县和少梁献给秦国以答谢秦惠文君。通过对魏国“又打又拉”，秦成功地削弱了魏国的实力，却又和魏国相安无事。秦惠文君对张仪在此事上表现出的才能很欣赏，任命张仪为相，位居百官之首，参与军政要务及外交活动。

针对山东六国的合纵联盟，张仪向秦惠文君提出了连横策略。他指出，如今的秦国，拥有方圆数千里土地，百万雄师，令行禁止，赏罚分明，既有肥沃的土地，又有险要的关隘，这是天下诸侯国都比不上的，秦国要凭此吞并天下，完全是绰绰有余。要瓦解六国联盟，应该想办法亲善齐国、燕国，灭亡赵国和韩国，使楚国、魏国臣服于秦，以王霸天下，使四方诸侯来朝。秦惠文君采纳了这个建议并推行。

秦惠文王[①]二年（公元前323年），秦惠文王派张仪和齐、楚、魏的相国在啮桑会盟[②]，以推行连横政策。不过会盟最终以失败告终。张仪回秦后，秦惠文王为给朝臣一个交代，表面上免去了他的相位，但实际对他依然十分信任。

秦惠文王三年（公元前322年），为了秦国的利益，张仪前往魏国担任国相，打算使魏国首先臣事秦国。魏惠王不肯接受张仪的建议，秦惠文王大发雷霆，立刻出动军队攻克了魏国的曲沃、平周。秦惠文王六年（公元前319年），魏襄王继位，张仪又劝说魏襄王，他也不从。于是，张仪暗中让秦国攻打魏国，魏国再次战败。秦惠文王七年（公元前318年），韩国、赵国、魏国、燕国、齐国率领匈奴人一起进攻秦国，秦国打败了韩国申差的部队，消灭了韩国八万官兵，诸侯震恐，不敢继续进兵。秦惠文王八年（公元前317年），张仪趁热打铁，再次游说魏襄王退出合纵盟约，臣事秦国。于是，魏国宣布退出南北合纵。张仪成功破坏五国联盟后回到秦国，重新出任国相。

秦吞巴蜀　首筑江州

秦惠文王九年（公元前316年），远在西南的蜀国和巴国发生了战争。蜀国和巴国相邻，世代为战。战国时期，蜀国强大，其疆域向北抵达汉中，与秦国相接。而巴国相对弱小，在巴蜀相争中处于不利地位。蜀王将汉中所在之地分封给其弟，为苴国。但苴侯却长期与巴国交好。蜀王一怒之下向苴国发动战争，苴侯逃亡巴国，蜀遂与巴国交战。巴国不敌，派遣使者向秦国求援。秦惠文王犹豫不决，征求群臣意见。众臣都认为蜀国是西僻之国，戎狄之邻，伐蜀没有任何利益和好处，反而劳师疲民，不如攻打楚国。秦将司马错对巴蜀地区的战略地位有深刻认识，建议出兵伐蜀："巴蜀有桀、纣之乱，国家富饶，如果得到它们的财富和资源，足以保障军队物资。巴蜀的长江与楚国相通，用巴国的强悍士兵，乘大船从长江顺流而下，可以攻占楚国的土地。拥有巴蜀则可灭亡楚国，楚国灭亡则可吞并天下。"秦惠文王采纳了司马错的建议。秦惠文王九年（公元前316年）秋，张仪、司马错率秦军十万伐蜀，沿金牛道进入汉中，十月，灭蜀，顺道又灭巴、苴。秦在巴蜀之地先后置巴、蜀及汉中郡，分其地为四十一县。

20世纪20年代的江北城

秦巴郡郡治最早设在今四川阆中，兼领汉中九县。四年后秦分置汉中郡，郡治迁至今重庆垫江。由于巴蜀、汉中地区的食盐依赖于巴东盐泉的供应，而枳（今重庆涪陵）以下被楚国占领，巴东盐泉被楚国控制，为与楚争夺盐泉，张仪选择了在水运枢纽——长江和嘉陵江汇流处修筑江州城，作为巴郡新郡治和攻打楚国的后勤基地。这是历史上江州第一次筑城。据《华阳国志》记载，汉代，巴郡郡治在巴水（今嘉陵江）以北的北府城，就是指位于重庆江北嘴的江北老城。《水经注》记载江州城左边为长江，右边为嘉陵江，可确定为今江北嘴的位置。

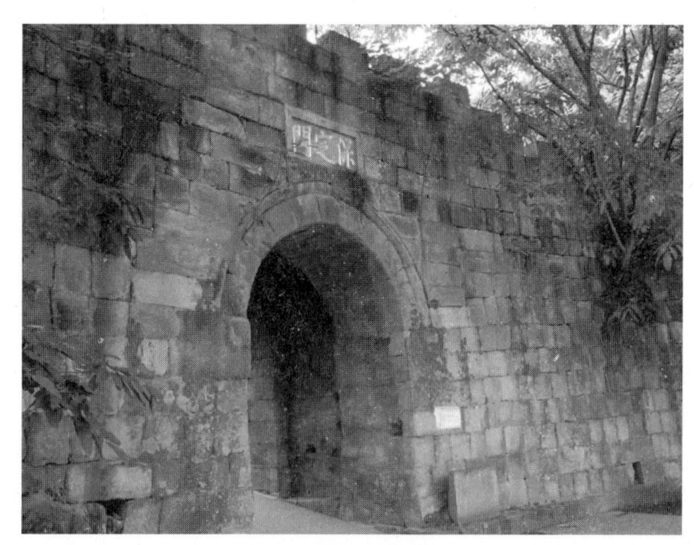

江北城保定门

2005 年 11 月初，在江北城 CBD 工地中发现了大量秦汉时期的城墙、瓦当遗址，这也正式从考古学上证实了秦汉时代的江州主要是在嘉陵江北的北府城。近些年，通过对渝中半岛汉时墓葬的考古发掘，有专家推测，在秦汉时期，随着江州经济的发展，形成了以江北城为政治中心，以渝中半岛为经济中心的“北府南城”格局。为什么张仪修筑江州城的时候没有选择军事上更为有利的渝中半岛，而是选择了江北呢？专家推测，一是因为秦初的中国城墙都是土墙，张仪修筑的江北城也是如此，其技术能力不足以在高差奇大、地形条件复杂的渝中半岛上建城。二是就秦汉的大环境而言，中国的政治中心在关中，而此时长江中下游并没有被太多地开发。这个时候的长江更像是文明的边界，沿嘉陵江逆流而上才更像是靠近文明的中心。又因为四川常被视为关中的附属，相对没有战乱，比较稳定。所以这一时期的江州城自然应当更加偏向于有利于嘉陵江航道运输的北府城位置，而没有因为军事考虑而建在渝中半岛上。

忍辱负重　忠心为国

秦惠文王十二年（公元前 313 年），秦国想要攻打齐国，当时齐、楚两国已经结盟合纵，于是便派张仪前往楚国游说楚怀王，破坏齐楚联盟。张仪对楚怀王许诺，如楚国与齐国断交，秦王献出商於（今秦岭南麓一带）六百里的土地赠予楚国。楚怀王被贪心蒙蔽了头脑，非常高兴地答应了张仪。于是，楚国和齐国断绝了关系，废除了盟约。楚怀王派人跟着张仪到秦国去接收土地。张仪回到秦国，一连三个月没上朝，楚怀王听到这件事，说："张仪是因为我与齐国断交还不彻底吧？"就派了一名叫宋遗的勇士到齐国辱骂齐王[③]，齐王大怒，转而与秦国结交。秦国、齐国建立了邦交之后，张仪才上朝。张仪对楚国的使者说："我有秦王赐给的六里封地，愿把它献给楚王。"楚国的使臣返回楚国，把张仪的话告诉了楚怀王，楚怀王知道自己被骗，一怒之下，兴兵攻打秦国。结果秦、齐两国共同攻打楚国，夺取了丹阳、汉中的土地。楚国又派军队去袭击秦国，楚军大败，于是楚国不得不又割让两座城池，向秦国求和。

秦惠文王十四年（公元前311年），秦国想与楚国改善关系，愿意把之前占领的汉中土地归还一半给楚国[④]。楚怀王记恨张仪欺骗他，表示可以不要土地，只想得到张仪。张仪主动请求前往楚国。秦惠文王说："楚王记恨先生背弃奉送商於土地的承诺，这是存心报复您。"张仪说："秦国强大，楚国弱小，我和楚国大夫靳尚的关系很好，靳尚能够去奉承楚国夫人郑袖，而郑袖的话楚王是全部听从的。况且我是奉大王的命令出使楚国的，楚王怎敢杀我。假如楚王真要杀我，我愿以死替秦国谋取土地。"于是，张仪出使楚国。楚怀王等张仪一到就把他囚禁起来，要杀掉他。张仪利用靳尚对郑袖说："秦王钟爱张仪，如今将要用土地和美女贿赂楚王，把他营救出来。楚王看重土地，就会接受这样的交换。秦国的美女一定会威胁到您的宠爱和尊贵。为您考虑，不如替张仪讲情，将他从囚禁中释放出来。"于是郑袖日夜向楚怀王吹枕边风。楚怀王被说动了，赦免了张仪，像过去一样优厚款待他。

张仪被释放后，没有立即离开楚国，而是又去游说楚怀王。他向楚怀王提出：他可以向秦王建议两国相互派太子为对方人质，并把秦王的女儿作为伺候楚怀王的姬妾，这样两国罢战息兵，永结兄弟邻邦。楚怀王最终答应了张仪的建议，背离了“合纵”而与秦国结盟亲善。

纵横捭阖　国士无双

张仪离开楚国后，又先后前往游说韩国、齐国、赵国、燕国，说服他们与秦国修好，彻底破坏了六国合纵。秦惠文王十四年（公元前311 年），张仪返回秦国报告，还没走到咸阳的时候，秦惠文王就去世了，秦武王继位。秦武王当太子时就不喜欢张仪，张仪处境日益危险，不得不离开秦国，到魏国当了相国。秦武王二年（公元前309 年），张仪死在了魏国。

张仪才思敏捷，善辩论、通权变，“一怒而诸侯惧，安居而天下熄”，以连横之术破坏了六国合纵，为秦国进一步发展提供了相对宽松的环境。他又西吞巴蜀，筑江州、成都二城，为秦国的强盛立下了不世之功，为秦灭六国奠定了基础。而秦惠文王识人善任，对张仪充分信任，为其发挥才华提供了广阔的舞台。历史对张仪戏楚之事多骂名，但笔者认为，“君以国士待我，我以国士报之”，张仪誓死报效秦惠文王，甚至不惜牺牲自己的名誉和自由，以为秦国谋取利益，其忠诚之心，日月可鉴。司马迁赞扬他：“三晋多权变之士，夫言从衡强秦者大抵皆三晋之人也。夫张仪之行事甚于苏秦，然世恶苏秦者，以其先死⑤，而仪振暴其短以扶其说，成其衡道。要之，此两人真倾危之士哉！”

张仪墓位于河南开封市区东北 7 千米新曹门遗址边宴台河村，在村南北街中段西侧，原为长方形高台，其土质坚硬，经年被人掘土使用竟成凹坑。1994 年秋，开封市重修张仪墓，并立有《整修张仪墓碑记》。张仪墓长方形，像砚台一样，故墓附近村落被称为砚台，又因其南3千米的张耳墓亦似砚台，为示区别，张耳墓侧称南砚台村，张仪墓侧称北砚台村，位于今开兰公路北侧。明清时期，黄河南移，靠近开封城垣，且屡次决口，北砚台村北被冲出一大河口，群众遂改称为北砚台河。村西北1千米处系宋宴台遗址，砚、宴谐音，传来传去，砚台河就成了宴台河。

（司逸澈）

注释

①公元前325年，秦惠文君嬴驷仿山东六国做法，自称为王，改元为更元元年。

②《史记》在《秦本纪》《六国表》《魏世家·张仪列传》等多处均记载啮桑会盟为秦、齐、楚三国，唯《楚世家》中记载为秦、齐、楚、魏四国。据近现代以来史学界考证，应有魏国参与。

③《史记·张仪列传》："乃使勇士至宋，借宋之符，北骂齐王。"疑有误。《史记志疑》："骂齐何必用符？而楚自有符，何必借宋符乎？"又《史记·楚世家》："乃使勇士宋遗北骂齐王，齐王大怒，折符而合于秦"。宋遗，勇士名。

④《史记·张仪列传》记载为"秦要楚欲得黔中地，欲以武关外易之"，有误。郭嵩焘《史记札记》："按《楚世家》：'怀王十七年，与秦战丹阳，秦虏屈匄，遂取汉中郡。十八年，秦使时约复与楚亲，分汉中之半以和楚。'"《史记·屈原传》与此记载相同。当是与楚国约定归还一半汉中之地，而非以武关地换黔中地。

⑤司马迁此处有误。据近代以来史学界考证，张仪死于公元前309年，苏秦死于公元前284年，苏秦比张仪晚死25年，其主要活动时间也比张仪晚22~25年。与张仪同时代的纵横家似应是公孙衍。

参考资料

1. ［西汉］司马迁：《史记》
2. ［东汉］刘向：《战国策》
3. ［东晋］常璩：《华阳国志》
4. ［清］梁玉绳：《史记志疑》
5. ［清］郭嵩焘：《史记札记》
6. ［北魏］郦道元：《水经注》
7. 任乃强：《华阳国志校补图注》，上海古籍出版社，2007
8. 隗瀛涛：《近代重庆城市史》，四川大学出版社，1991
9. 钱穆：《先秦诸子系年》，商务印书馆，2001

秦汉时期

巴寡妇清

巴寡妇清（生卒年不详）　大致生于秦惠文王设巴郡后到秦朝初年之间，巴国枳县人，其出生地位于今重庆长寿。清早年守寡，史称“巴寡妇清”。

巴寡妇清的家乡巴郡枳县，地下埋藏着丰富的朱砂（史书称“丹砂”）矿藏。据《史记·货殖列传》《括地志》《地舆志》《舆地纪胜》《州府志》等史志记载，其先辈在战国时得丹穴，世代以开发丹砂矿提炼硫、水银为业，经过几代人的辛勤经营，获取了不少财富，成为当时我国南方著名的工商业大户。传说，清少年时跟父亲学习诗书，因为相貌与气质出众，嫁给了当地一位青年才俊。不幸的是，事业有成的丈夫英年早逝，巴寡妇清不顾世俗偏见，毅然挺身主持起丈夫留下的大家业——当时勃勃兴起的开汞炼丹业。当时的人们沉迷于寻求长生不老之药，尤其是秦始皇兼并天下之后，作为炼丹用的原材料，丹砂供不应求，而且秦始皇耗时费力的庞大的皇陵地宫工程需要大量的水银，看准商机的寡妇清，很快将自己的生产销售网络遍布全国，成为当时的丹砂业垄断户，富甲天下，“僮仆千人”，前来投靠的人更是成千上万，其实力足以与万乘公卿分庭抗礼，终于成为闻名天下的巨商富户。

此时，战国七雄纷争的历史已经结束。嬴政兴兵打败六国，建立了中国历史上第一个专制集权的封建统一王朝。为了巩固政权，防御外敌入侵，秦始皇下令全国州郡派款抽丁以筑万里长城。巴寡妇清为富能仁，平时都以财济困，广做善事，还凭借财力保一方平安。得知秦始皇派款抽丁修筑万里长城的诏令后，她认为保家卫国，人人有责。于是，深明大义的她捐银一万余两和大量水银，给朝廷修筑万里长城使用。秦始皇为寡妇清疏财捐资的义举和图强兴业的贞节懿德所感动，立即降旨，册封巴寡妇清为“贞妇”，派人将其接至京城以礼相待，邀她住进皇宫，给以公卿王侯的礼遇。从此，巴寡妇清的事迹，“名显天下”。

位于长寿龙山寨的怀清台墓址

后来，巴寡妇清病死皇宫。秦始皇遵照她的生前遗愿，将她的遗体护送回家乡，葬于巴郡枳县青台山，并下令为她筑怀清台，以示怀念。今台已损毁，墓址犹存，周围数十米，下有蓬莱洞，洞壁有石刻人物，隔江对岸有丹崖。从此，青台山便更名为“贞女山”。山上所修的山寨，因秦始皇称“祖龙”而名“龙山寨”。巴寡妇清所葬的陵墓，民间称“寡妇坟”，或曰“神仙洞”。

为了纪念巴寡妇清的义举懿德和她为家乡人民争得的荣誉，家乡人民后来在与怀清台相对的长江北岸的长寿凤山上，为之修建了“炼丹台”。

巴寡妇清为国捐资的义举和图强兴业的事迹，被载入史册，广为传颂。汉代史学家司马迁在《史记·货殖列传》中写道："巴寡妇清，其先得丹穴，而擅其利数世，家亦不訾。清，寡妇也，能守其业，用财自卫，不见侵犯。秦皇帝以为贞妇而客之，为筑女怀清台。夫倮鄙人牧长，清穷乡寡妇，礼抗万乘，名显天下，岂非以富邪？"晋代《华阳国志·巴志》、唐代《括地志》以及《地舆志》《州府志》《舆地纪胜》和历代修编的《长寿县志》，对巴寡妇清的生平事迹均有记载。历代名人、学士也来贞女山龙山寨怀清台，凭吊她的高风懿德，考察她的仙踪遗迹。东汉才女班昭著《女戒七章》颂扬古代杰出妇女，将其与曹娘齐名，赞曰："巴家妇能捐己产而保乡民，曹娥抱父尸于汙江。"明代诗人金俊明登临怀清台后，写下了怀感诗："丹穴传赀世莫争，用财自卫守能贞。祖龙势力倾天下，犹筑高台礼妇清。"明代诗人李开先写成的《长寿八景诗》中，以"龙寨秋容"为题，进行了具体描绘。清代学者任应沅游览怀清台后，写了《访怀清台》诗："我访怀清台，台基并堙没。三径白云封，嶙峋森石骨。""一段苍山列画屏，遗踪犹记傍沙汀。叫尽子规魂不返，只今松柏为谁青？"1942年，当代考古学家郭沫若和卢子英、卫聚贤一道，亲临龙山寨考察怀清台。郭沫若同时还考察了合川钓鱼城等遗址，写下了五幕历史剧《高渐离》（又名《筑》）。

2001年，长寿已将龙山寨怀清台列为"文物保护单位"加以保护、开发和利用。

（赵锐涛）

参考资料

重庆市地方志办公室编纂委员会：《重庆名人辞典》，四川大学出版社，1992

甘　宁

甘宁（？—220）　字兴霸，巴郡临江（今重庆忠县）人，三国时期孙吴名将，官至西陵太守，折冲将军。历仕于刘表和黄祖麾下，未受重用。东汉建安十三年（208年），甘宁率部投奔孙权，先后破黄祖据楚关，攻曹仁取夷陵（今湖北宜昌），镇益阳拒关羽，守西陵擒朱光，率百余人夜袭曹营，战功赫赫。他为人仗义疏财，深得士卒拥戴，被陈寿盛赞为“江表之虎臣”。

甘宁塑像

浪子回头　得遇明主

甘宁的先祖据说是战国时秦国丞相甘茂。甘宁少年时，身体孔武有力，特别钦慕汉朝时的游侠之风，但不务正业，纠集一伙轻薄少年，自任首领。他们成群结队，携弓带箭，头插鸟羽，身佩铃铛，四处游来荡去，轻侠杀人，藏舍亡命，恶名在外。当时，百姓一听铃响，便知是甘宁这帮人到了。他出入威风煊赫，步行则陈列车骑，水行则连接轻舟。侍从之人，披服锦绣，走到哪里，哪里光彩斐然。停留时，常用锦绣维系舟船，离开时，又要割断抛弃，以显示其富有奢侈，时人称之为“锦帆贼”。地方官员或那些跟他相与交往之人，如果隆重地接待他，甘宁便倾心相交，为他赴汤蹈火；如果礼节不隆重，甘宁便放纵手下抢掠对方资财，甚至贼害官长吏员。

青年时期，甘宁读了一些书，钻研诸子百家之说，立志有所作为，便不再打家劫舍。他率领手下八百多人投靠刘表，留驻南阳。

刘表是东汉末年颇有名气的“八俊”之一，时为荆州牧。甘宁投靠刘表后不久，发现他不习军事，徒有其名，在当时天下不宁、群雄纷争的形势下很难有所作为，绝非明主。这时，他听说孙权在江东招揽人才并重用了鲁肃、诸葛瑾等人，便决定前去投效。但在途经夏口（今湖北武汉）时，遇到了江夏太守黄祖部队的阻拦，没法通过，只好投靠了黄祖。

建安八年（203 年），孙权领兵西攻江夏，黄祖大败，狼狈逃溃，甘宁带兵为其断后。他沉着冷静，举弓射杀孙权的破贼校尉凌操，逼迫孙军撤退，救了黄祖性命。尽管甘宁立下大功，可黄祖根本不信任他，不但不重用他，反而派人诱使他的部下叛逃。甘宁对黄祖彻底失望了，他想弃之而去，但想不出离开的万全之策，无计可施，独自忧愁苦闷。黄祖的部将苏飞与甘宁交好，他很为甘宁感到可惜，于是邀请甘宁共饮，趁着酒酣耳热之际，劝甘宁早做长远打算，投靠赏识他的人，并为他出谋划策：“我请主上派你去做邾（今湖北黄冈西北）

长，那时你可以自己决定去留。”甘宁非常高兴，依计而行，带着手下投奔了孙权。

孙权的部下周瑜和吕蒙都认为甘宁是个人才，联名向孙权推荐他。孙权因此对甘宁格外器重，给予他和功勋老臣同等的待遇。甘宁在荆州多年，对荆州的战略地位、军备情况和地形十分熟悉，他向孙权提出了攻占荆州的计划。甘宁认为：从战略上看，荆州交通便利，地位重要，是吴国西面屏障，占领荆州，便可进军西蜀，成就霸业。曹操一直对荆州虎视眈眈，刘表其人没有深谋远虑，他的接班人水平也差，荆州迟早会被曹操占据，因此孙吴应该抢在曹操之前占领荆州，而攻占荆州，首先要从年老贪婪、昏聩无能的黄祖下手。从甘宁对孙吴的发展规划可见，他很有战略眼光。孙权很赞赏这一意见，坚定了用兵的决心。

建安十三年（208 年）春，孙权第三次西征黄祖，大破其军，生擒黄祖。孙权欲杀苏飞，苏飞托人向甘宁求告。甘宁说：“就算苏飞不说，我岂会忘记他的恩德？”时孙权摆酒，为诸将庆功。甘宁走下席位向孙权叩头，血泪交流，对孙权诉说苏飞过去对自己的恩义，请求赦免苏飞。孙权深受感动，同意了甘宁的请求。

勇冠三军　屡次破敌

建安十三年冬的赤壁之战，甘宁跟随周瑜在乌林大破曹操，立下了战功。接着，又到南郡（今湖北荆州）攻打曹仁，但未能攻克。甘宁率兵从小路袭取江陵上游的夷陵，与南郡的吴兵形成东西夹击之势，以迫使曹仁北撤。曹仁害怕两面受攻，立即派五六千人去围攻甘宁，企图夺回夷陵。当时甘宁手下只有数百军士，加上破城新增的兵员，也不过一千人左右。曹军在城外搭设高台，连续几天从上面向城中射箭，箭密如雨，吴军军吏胆战心惊，唯甘宁谈笑自如。不久，周瑜率领军队前来解除了夷陵之围。曹仁部众损失过半，连夜逃遁，全军撤回北方。

赤壁之战后，周瑜、甘宁曾力劝孙权西取益州。孙权犹豫不决，坐失良机，致使益州落入刘备之手，追悔莫及。刘备攻取益州期间，留部将关羽镇守荆州，此时甘宁随鲁肃镇守益阳（今湖南境内）。关羽号称有三万兵马，他亲自挑选精锐兵卒五千人，投物堵住上游十多里的浅水地带，说要夜里涉水渡河。鲁肃与各位将领商议对策。甘宁当时有兵三百人，于是说："能否再给我增添五百人，我前去对付他，保证关羽一听到我咳嗽之声，就不敢渡河。如他敢渡过来，就要被我擒获。"鲁肃当下选一千人给他。甘宁连夜赶到上游设防。关羽闻甘宁来，见对方有了准备，便放弃了渡河计划，而在岸上捆扎柴木作为军营。后人则把此地称为"关羽濑"。孙权嘉奖甘宁之功，拜为西陵太守，统阳新、下雉两县。

建安十八年（213 年）正月，曹操亲率大军攻打濡须口（今安徽巢县南），号称四十万。孙权率兵七万迎击，派甘宁率三千人为前部督。孙权密令甘宁夜袭曹操所在的大营，挫其锐气，为此特赐米酒。甘宁选精锐一百多人共食。吃毕，甘宁用银碗斟酒，自己先饮两碗，然后斟给他手下都督。都督跪伏在地，不肯接酒。甘宁拔刀厉声喝道："主公待你，难道比待我甘宁差吗？我甘宁都不怕死，你为何怕死？"都督见甘宁神色严厉，马上起立施礼，恭敬地接过酒杯饮下，然后斟酒给士兵，每人一碗。二更时分，甘宁率百人卷甲衔枚，潜至曹操营下，拔掉鹿角，冲入曹营，斩得数十首级而还。曹营大惊，等到举起火把时，甘宁已经回营。孙权对甘宁的表现很满意，赏绢一千匹，战刀一百口，并增兵二千。曹操驻扎了一个多月，便退回北方去了。从此，孙权对甘宁更加看重，并称赞道："曹操有张辽，我有甘兴霸，足以与他匹敌。”

建安十九年（214 年）春，曹操派朱光为庐江太守，屯驻皖城（今安徽潜山），大开稻田，生产军械，又派间谍秘密过江，招募鄱阳反对孙权的力量，企图里应外合，进攻孙权。吕蒙得知情报后，向孙权建议：“皖城一带，土地肥美，如果一季收下，曹操的力量势必增强，如果连收几季，必然酿成大患。依我之见，应该立即拔掉。”孙权采纳了这一建议，亲征皖城。孙权问计于诸将。大家都说，要攻下坚城，非堆土山、制造攻城器械不可。吕蒙独排众议，说：“堆土山，制造攻城器械，需费很多时日。曹军援兵一到，攻下皖城就难了。唯一的办法是强攻，一举拿下皖城。”吕蒙推荐甘宁为升城督。攻城时，吕蒙亲自擂响战鼓助威。甘宁手持链索，身先士卒，攀缘上城，最终攻下皖城，俘朱光。张辽闻讯，率援军而至，到夹石（今安徽桐城北）听说皖城已失，只得退去。战后评功，甘宁功居第二，仅次于吕蒙，被拜为折冲将军。

放下私仇　齐心奉公

吴将凌统之父凌操是在攻打黄祖时被甘宁射死的，因此甘宁于凌统有杀父之仇。甘宁知凌统恨极自己，因而也防备凌统，尽量避免和他见面。一次，甘宁、凌统受吕蒙邀请，到他那里聚会饮酒。酒酣之际，二人有相斗之意。凌统起立舞刀，甘宁不甘示弱，也站起来说：“我甘宁能舞双戟！”吕蒙见状，赶紧解围道：“你双戟虽然舞得好，却没有我用得巧妙。”于是操刀挟盾，将二人分开。孙权知道凌统不能忘却父仇，就让甘宁率兵改驻半州。

二人虽仇恨如此，但到大敌当前的关键时刻，却能抛开私怨，团结对敌。建安二十年（215 年），甘宁随孙权攻打合肥。战事不利，加之军中瘟疫流行，只得下令撤军。大部队已经撤出战斗，只有吕蒙、蒋钦、凌统、甘宁以及车下虎士一千多人跟随孙权驻在逍遥津（今安徽合肥东）以北。曹操将领张辽乘机率步骑发动袭击，甘宁与凌统率卫队拼死厮杀。作战中，甘宁引弓射敌，厉声问战鼓为何不响，壮气毅然，勇冠一时。在甘宁等人的英勇抵抗之下，曹军进攻的速度放慢。凌统率兵三百，保护孙权冲出重围。孙权逃至逍遥津，时值河桥半拆，丈余无板，孙权急策所骑骏马腾越而过。将军贺齐率三千人在逍遥津南接应，孙权才侥幸逃脱。战斗下来，除凌统外，三百士卒无一生还。李贽评论此事时说："观甘宁、凌统不共戴天，一朝改为刎颈之友，乃知世上无不解之仇，只是人不肯先为甘宁耳。吾劝世人勇为甘宁可也。"

建安二十五年（220 年），甘宁因病去世。孙权对他的去世十分痛惜，将其厚葬。

一代名将　后世追思

甘宁性情急躁，易于激动，发怒时动辄要打人甚至杀人，而且有时不完全听孙权的命令。但他勇敢坚毅，豪爽开朗，足智多谋，器重人才，轻财好施，关心部属，士兵乐于从命。他胆识过人，作战极其勇猛，用兵神出鬼没，多次以少量兵力奇袭敌军获得重大战果。因此陈寿评价他为"江表之虎臣"。孙权善于用人，对部下不求全责备，善于发挥他们的长处。在孙权手下，甘宁充分发扬了自己的优势，成为三国时代有名的"斗将"。宋代冯时行作《甘宁庙》称赞他：

豪杰自不群，俗眼盖盲瞽。
刘表既不识，那复论黄祖。
翻然脱羁衔，渡江得英主。
垂手立功勋，雄名诧千古。

清人黄恩彤评价他：

“先取荆，次取蜀，兴霸之策与孔明、公瑾略同，亦识时务之俊杰也。”

宋代，甘宁被封为神祇，南宋时更被加封“昭毅武惠遗爱灵显王”，得以建庙享祭，在一些小说作品中被称为“吴王”。今重庆万州尚有甘宁镇、甘宁乡、甘宁路、甘宁河等地名。

甘宁墓现存有两座。一座原位于距重庆市万州区甘宁场1700米处甘宁河右岸新桥旁第一层平台上，坐北朝南，长11.5米，宽5.6米，总面积约65平方米。墓由两个部分构成，一是墓及墓碑，占地长6米，宽5.6米，二是朝拜平台，长5.5米，宽5.6米。墓呈圆形，坐西向东。直径6米，高约2米，四周由弧形条石砌成。墓碑高1.8米，宽1.2米，碑文为“吴折冲将军西陵太守甘宁之墓”，字体为大篆体，阴刻。朝拜平台上立有直径1米左右的石刻香炉，旁置石刻桌、凳。内有古柏4棵，高大挺拔。该墓的修建年代暂时无法考证，最后一次培修是1932年，由民国万县县长谢明宵主持。1964年冬社教运动时被拆毁。一部分条石用于修建土地岩下高桥外边的水力面粉厂，一部分条石用于砌筑田坎。2001年，青龙瀑布开发公司在青龙瀑布左前方约500米处的半山腰丛林中复制了甘宁墓，坐东朝西，墓前石级下面约3000平方米的石坝上竖一尊5米高的甘宁

位于万州青龙瀑布的甘宁墓

将军青石雕像。另一座在离其故乡较近的湖北省阳新县富池镇半壁山。该墓现存，临江而立，背倚军山，占地 66.7 公顷，其中森林面积 53.36 公顷，是由当地政府筹资易地修复的，因原墓于“文化大革命”期间遭破坏。园内山壑纵横，四季常青，东北有 10 亩桂园，西南为 10 亩竹圃，甘宁墓坐落其中，墓高 2 米，周长 6 米，墓前矗立着仿古冲天柱石坊，大雅壮观，石坊前有天然“甘泉”。

（司逸澈）

参考资料

1. ［西晋］陈寿：《三国志》

2. 重庆市地方志编纂委员会总编室：《重庆名人辞典》，四川大学出版社，1992

李　严

李严（？—234）　后改名李平，字正方，南阳（今河南南阳）人，三国时期蜀汉重臣。颇有才干，与诸葛亮同为刘备临终前的托孤之臣。参与制定《蜀科》，任江州都护时修筑江州城。后因押运粮草误期，被废为平民，迁徙到梓潼郡（今四川梓潼），建兴十二年（234年）病死。

勤政务实　声名远播

李严年轻时在荆州牧刘表处任职，为南阳郡的专职吏员，以才干知名。刘表很器重他，让他到郡中各县任职历练。汉建安十三年（208年）七月，曹操南征刘表，八月，刘表病逝，他的次子刘琮继任荆州牧。面对曹操声势浩大的进攻，刘琮自知难以抵抗，于是在蔡瑁等人的劝说之下举荆州而降。此时，李严正在秭归县当县令。也许是不愿投降曹操，他西逃益州，投靠了刘璋，任成都县令。李严在成都令的位置上干了几年，颇有政绩，获得了有才干的名声。

后刘璋与刘备决裂，刘备率军攻打益州。建安十八年（213年），李严率领部下投诚于刘备，被任命为裨将军。平定成都后，李严被任命为犍为太守、兴业将军。在犍为太守任上，李严主要做了几件大事，体现了他的才干。

参与制定了《蜀科》。益州在刘焉、刘璋父子的治理下，法纪松弛，士大夫多挟其财势，欺凌小民，使蜀中乱象丛生。刘备决定推行诸葛亮提出的以法治蜀的主张，着手制定法律典籍，重振法纲，用以约束蜀地军民。于是命李严与军师将军诸葛亮、扬武将军暨蜀郡太守法正、昭文将军伊籍、左将军西曹掾刘巴一起制定《蜀科》。《蜀科》成为蜀汉的法律体系的基础，为蜀汉政权工作效率提高、吏治清明起到了极大的作用。该典籍目前已散佚，内容不可考。

组织开凿修觉山。当时的犍为郡管辖十二县，包括川南、黔北、滇东北的广大地区，其郡治在武阳，即今四川眉山彭山江口镇附近。江口是府河与岷江干流的交汇处，是当时重要的渡口和物资集散地。这里建有一道横跨岷江东西两岸的汉安桥，是长 750 米的索桥，夏秋汛期，总要被洪水冲坏，年年修理，百姓深以为苦。李严发现，在江口镇沿府河而上，有一个五水交汇处，当时还是一片荒野，如果从成都平原修一条官道经过这里直通江口，人马和物资就可以不通过汉安桥。但这附近有一座小山，名为修觉山，当时崖峭坡陡，直插府河，阻绝交通，对修筑官道造成极大的困难。建安二十一年（216 年），李严组织开凿修觉山，并修筑了沿江大道。沿江官道打通后，官员和百姓都十分高兴，汉安桥随即被废弃。五水汇流处岷江西岸的那一片河湾，变成了一个陆路水路的交汇点，很快便取代江口镇，成为沟通成都平原与眉嘉平原的重要渡口和物资集散地，这成为后来新津建县之本。后世的修觉山也凭借新津县便利的交通和特殊的地貌，逐渐成为蜀中文化名山，神秀、杜甫、陆游、苏辙、范成大等都曾到此游览或居住，并留下了许多传世名篇。

重修通济堰（又叫六水门工程）。通济堰位于今成都市新津县，渠首工程以“六水门”为其显著特征，即在渠首建有六个可上下开关

位于四川省新津县的通济堰

的大的水门。它筑有坝堤，在坝堤上开水门，可据需要放水灌溉农田，与当时西蜀普遍使用的无坝引水工程相比，相当特殊。东汉晚期，战乱频繁，都江堰、通济堰等大型水利工程都严重失修。李严重新整治通济堰，对当时的生产建设是有促进作用的。这次水利整治工程影响深远，通济堰在现代仍然发挥着灌溉作用。后来南宋时期赐进士出身，官至工部侍郎的井研人李心传，误认为通济堰是李严兴建的，把功劳记在了李严身上。

建安二十三年（218 年），盗贼马秦、高胜等在郪县起兵，召集军士数万人，到达资中县。当时刘备在汉中，李严不待另外发兵，只率本郡士兵五千人前往讨伐，斩杀马秦、高胜等人。其余人都四散逃命，回家为民。不久后，越巂郡夷帅高定率军围攻新道县，李严前往解围，高定被击败后逃走。刘备于是加封李严为辅汉将军，并继续兼任犍为太守。

受命托孤　二筑江州

建安二十四年（219 年），孙权袭取荆州，擒杀关羽，吴、蜀联盟破裂，两国结仇。蜀汉章武元年（221 年），刘备称帝。同年，为给关羽报仇，刘备率大军出征，发动了夷陵之战。章武二年（222 年），刘备伐吴败回。当时蜀尚书令刘巴已逝，刘备征召李严进永安宫，命他继任尚书令。章武三年（223 年），刘备病重，李严与诸葛亮一道受遗诏辅佐少主刘禅；以李严为中都护，统管内外军事，留下镇守永安。同年，刘禅继位，李严被封为都乡侯、假节，加光禄勋。李严为何能够同诸葛亮一起成为托孤重臣，在历史上是一段公案。一般观点认为，一方面是诸葛亮本人极富政治能力，又掌握了军政大权，所以刘备对诸葛亮不放心，需要对其权力进行制衡，以防自己死后刘禅被取而代之。另一方面是李严本人确实富有才干，在原刘璋时期的官员中出类拔萃，刘备对他十分欣赏，所以成为不二人选。刘备的安排，平衡了荆州人和东州人双方的政治力量，形成了蜀汉内部以诸葛亮为正主文，以李严为副主军的政治格局。

建兴四年（226 年），李严改任前将军，以江州都护身份移屯江州城。在这里，李严组织了江州历史上的第二次筑城。江州老城位于长江和嘉陵江汇合处的北岸，在今江北嘴一带，是当年司马错、张仪灭巴国后修筑的，从军事角度考虑，这里并不容易守城。李严在考察了江州城的周边环境后，将这次筑城的地址选在了渝中半岛。渝中半岛也在长江和嘉陵江汇流处，但位于两江之间，为山地地貌，在这里筑城，三面环水，易守难攻。可以说，李严选择筑城位置的眼光是十分刁钻的，体现了 名军事家的战略水平。据专家考证，李严这次筑城的规模较大，其南线约为今朝天门至南纪门沿江一线，北线约为今大梁子、人民公园、较场口一线（此为渝中半岛之山脊线），面积约 2 平方千米，其规模已达到明清时期重庆城的大小，除通远门所在的五福宫山没有被纳入大城范围外，已与明代戴鼎筑城的范围大体重合，故该城又被称为“李严大城”。与我们现在看到的石制城墙不同，该城城墙由泥土夯筑而成，有青龙门、白虎门两个城门。青龙门在今朝天门附近，为水路的起点。白虎门在今通远门附近，为陆路起点。李严还将专用于存放粮草的仓城修在了城内，其位置大致在今千厮门附近。重庆城西的佛图关，地势险峻，两侧环水，三面悬崖，自古有“四塞之险，甲于天下”之说，是西出成都的唯一路上通道，也是兵家必争的千古要塞。李严在此修筑了卫城，扼守其身后的重庆城。此外，李严还设想凿山连通长江和嘉陵江，使江州城成为四面环水的岛城。凿山的位置，一说在今佛图关所在的鹅项岭，一说在今通远门外的七星岗。这项工程如能顺利实现，将极大地提升江州的战略地位和防守能力。也许是为防止李严在江州坐大，诸葛亮不同意此项工程，李严只好作罢。

晚年遭贬　激愤而终

建兴八年（230 年），曹魏大司马曹真准备三路进逼汉川，为加强汉中防务，诸葛亮命李严率二万人赶赴汉中阻击敌军，迁李严为骠骑将军，以中都护署丞相府事务，又表其子李丰接替督主江州防务。这时，李严将自己的名字改为李平。

建兴九年（231 年），李严的政治生涯遭受重大挫折，他因督运粮草不济被废为平民，身败名裂。据《三国志 · 李严传》记载，建兴九年春，诸葛亮出兵祁山，李严负责督运粮草。夏秋之季，正逢阴雨连绵，粮草运输供应不上，李严派参军狐忠、督军成藩传话给诸葛亮，让他撤军，诸葛亮得到信后答应退兵。李严听说军队已撤退，又故作惊讶，说：“军粮充裕，怎么又退军呢！”用意在于解脱自己督办粮草不力的责任，显出诸葛亮延误战机的错误。他又上奏后主，说“军队伪装撤退，其实是用来引诱敌人好与其决战”。诸葛亮便将李严的前后书疏的手迹递上去，李严的错误和矛盾一下子暴露无遗。于是诸葛亮联合二十余位蜀汉大臣上奏弹劾李严。李严辞穷理屈，只得叩头认罪，被废为民，流放梓潼郡。

这次事件，是蜀汉历史上的一大谜案。不少历史学家认为，李严被废的经过十分可疑，另有隐情。如著名历史学家田余庆在《李严兴废与诸葛用人》一文中分析，刘备进入蜀国后，内部存在着两股政治势力，一是以荆州人为主的“新人”，二是以益州刘璋时期的东州人为主的“旧人”，而李严则是“旧人”政治势力的领袖人物。这两股政治势力时有冲突，矛盾常有激化，诸葛亮为平息两方势力，不得已以李严为替罪羊，借口误粮之罪废黜了他。

李严被废后，一直期望诸葛亮能够重新起用他。建兴十二年（234年），诸葛亮去世，李严听说后，感到自己复出无望，在激愤中发病而死，葬于梓潼郡。李严墓位于今四川省梓潼县县城东南，有碑表，“文化大革命”时墓遭毁坏，墓碑已失。

（司逸澈）

参考资料

1. ［西晋］陈寿：《三国志》
2. ［东晋］常璩：《华阳国志》
3. ［北魏］郦道元：《水经注》
4. 任乃强：《华阳国志校补图注》，上海古籍出版社，2007
5. 田余庆：《秦汉魏晋史探微（重订本）》，中华书局，2004

严 颜

严颜（生卒年不详） 巴郡临江（今重庆忠县）人，东汉末年武将，为刘璋部下。刘备进攻江州，严颜战败被俘，他宁死不屈，坚决不向张飞投降，受到张飞敬重，被引为上宾。后人把严颜与古巴国将巴军蔓子一起，视为赤胆忠心、视死如归的巴人精神象征。

“只有断头将军，没有投降将军”

东汉末年，汉灵帝对刺史制度进行了变革，将各州刺史改为州牧，成为地方的官员。刺史制度源自西汉武帝时期，本意是用品级低的官员监察品级高的官员，以达到制衡的目的。汉灵帝改革后，州牧位居郡守之上，掌握一州的军政大权。当时中央政府政治黑暗，对地方的控制力越加衰弱，土地兼并问题日益恶化，而人民生活困苦，不堪忍受，纷纷发动起义。汉灵帝光和七年（184 年），发生了著名的黄巾起义。尽管起义被镇压，但狠狠地打击了东汉王朝的统治，摧毁了其根基。以州牧为主的武装豪强在参与镇压黄巾军的同时纷纷壮大自己的军事实力，乘机崛起，东汉王朝无力管辖，名存实亡，中国进入了长达九十六年的战乱时代。严颜就是出生在这样一个群雄并起的乱世。

东汉末年，益州牧刘璋趁乱割据，据有今四川中西部、陕西汉中、重庆、贵州、云南等地。严颜投靠刘璋，在其治下江州（今重庆渝中）任将军。此时，赤壁之战刚结束，刘备据荆州之地，与益州相邻，与刘璋交好。但他素知刘璋为人懦弱，有意图进攻益州以实现“三分天下”的宏图大志，只是时机不成熟，一直在等待。建安十七年（212 年），刘璋慑于北方曹操和汉中张鲁的威胁，想利用刘备军力攻打张鲁，防守益州，于是派遣法正迎接刘备入益州。严颜头脑清醒，对于其中的利害关系看得十分清楚。他听说刘备已领军到达巴郡，不由得拊心叹息说：“这正是独自坐在没有出路的深山里，放出老虎来护卫自己啊！”

结果确如严颜所料，刘备因借兵一事与刘璋决裂，率军大举入川。建安十八年（213 年），为增援刘备，诸葛亮与张飞、赵云等领荆州兵将从长江入川抵达江州。面对大军压境，严颜毫不畏惧，据守江州城死战。他虽然作战勇猛，但孤军守城，终于不支，被猛将张飞破城，本人被生擒。张飞提见严颜，怒气冲冲地对他大声喝道：“大军到来，你怎么不投降，还敢与我大战？”面对张飞咄咄逼人的气势，严颜毫不畏惧，他义正词严地回道：“你们无理侵夺我们的疆土，我们这里只有断头将军，没有投降将军！”断头将军，指的就是巴蔓子。张飞闻言大怒，命令左右将严颜拉出去斩首，严颜面不改色，大声说道：“斩首就斩首，你发什么怒？”严颜视死如归的胆色和豪气震动了张飞，遂将其释放，并引为上宾。这就是流芳千古的“张飞义释严颜”的故事。这个故事在川渝地区可谓家喻户晓，至今，民间还流传一句歇后语：“张飞放严颜——粗中有细。”明代李贽在评《三国演义》时这样评论这段严颜与张飞的千古佳话：“豪杰遇豪杰，可为至仇，亦可为至亲。盖两家气味原是一家，故分则他人，合则自己也。此翼德所以释严颜，而严颜并不惧翼德也。不比小人相与，外为至亲，内为至仇，合时原分，而分时何得再合也。此君子小人之辨，无不如此，亦不独张飞、严颜两人已也。”

千古谜案　引人遐思

此后，严颜不再见于任何现存的正史文献中，《华阳国志》《三国志》都没有任何交代，这是他留给后世的一大谜案。关于他的结局，民间有三种传说。

一种传说是严颜归降了蜀汉，后在成都蒲江隐居。清光绪《蒲江县志》收录了清人彭端淑在乾隆四十四年（1779 年）写的一首诗，诗前有一段题记，讲严颜随诸葛亮南征回来后，在蒲江县南部的紫燕岩结庐隐居。今蒲江县朝阳湖镇境内的飞仙阁，存“严颜亭”。同在蒲江朝阳湖的石象寺，存有清咸丰九年（1859 年）的《重修石象寺碑记》，说严颜南征回来后，探访西汉将军莫公的胜迹，发现这里山水秀丽，于是弃官在此地隐居修炼。他根据在南征途中所见的狮子、大象，雕刻了石狮、石象。最终，严颜修炼成功，骑着石象飞升而去。当地人为严颜修建了祠堂，祠堂垮塌后，在原址修建寺庙，取名石象寺，寺内大殿也称严颜殿。

另一种传说是严颜归降了蜀汉，随后屡立战功。《三国演义》中，严颜归降后，张飞趁热打铁，虚心向他请教如何能快速地到达雒城。严颜说，从这里到雒城的关隘守将，都是他的部下，只要他出马，部下都会归降。于是，严颜在前，张飞在后，所到之处，严颜都叫出来归降。这样，一直到雒城，沿途守军都望风归顺。此时，黄忠与魏延正和吴兰与雷铜交战而不能脱身，刘备孤军与张任在雒城相遇，张飞顺利与刘备大军汇合，与张任交锋。结果黄忠、严颜两员老将双双建功，攻破雒城。刘备领益州牧后，封严颜为前将军。严颜后随刘备攻打汉中，屡立战功。《三国演义》流传极广，民间多信此说。但因其是小说，因情节需要多有改编和创造，不符史实，显然并不可信。

还有一种传说是严颜没有归降蜀汉，在刘璋兵败后自杀。根据忠县石宝镇石宝寨的文字资料显示，严颜被张飞义释后，虽然成为座上宾，但严颜并没有归降，而是回到了老家。不久，刘备攻占成都，益州易主，严颜听到这个消息后，以“忠臣不事二主”，自刎而死，践行了“断头将军”的誓言。石宝寨内现存有表现张飞义释严颜故事的雕塑群像。

严颜死后葬于何处，宋代之前的历史文献无明确载，后世出现了四个严颜墓。一在今四川蓬安。一在今四川仪陇。一在今四川巴中，出现在明代。一在重庆忠县，出现在宋代。至于哪一个地方的墓是真墓，因四墓今均已无存，故难以考辨。2001 年，忠县花灯坟墓群发掘出了著名的乌杨汉阙，并发现了相关的阙址、神道、墓葬的阙。有人认为，这样的规格，符合严颜的身份，据此猜测，这才是严颜的真实墓址。

巴人风范　壮烈将军

严颜具有巴人典型的性格特征。常璩在《华阳国志》中刻画的巴人耿直刚正、淳朴厚道，有上古贤人的风范，严颜也传承了这种性格基因。他忠烈耿直，信念坚定，面对死亡毫不畏惧，坚守住了自己的操守和名节，他所代表的忠义精神，在任何时代都是十分宝贵、值得弘扬的。如今，严颜已经成为重庆人民的精神象征。

后人对严颜的褒扬不断。宋代大文豪苏轼、苏辙曾路过忠州，游览了当时尚存的严颜碑。感怀于忠烈事迹，两兄弟分别作诗颂扬严颜。苏轼作诗曰：

先主反刘璋，兵意颇不义。
孔明古豪杰，何乃为此事。
刘璋固庸主，谁为死不二。

严子独何贤，谈笑傲碪几。
国亡君已执，嗟子死谁为。
何人刻山石，使我空涕泪。
吁嗟断头将，千古为病悸。

苏辙作《严颜碑》：

古碑残缺不可读，远人爱惜未忍磨。
相传昔者严太守，刻石千岁字已讹。
严颜平生吾不记，独忆城破节最高。
被擒不辱古亦有，吾爱善折张飞豪。
军中生死何足怪，乘胜使气可若何。
斫头徐死子无怒，我岂畏死如儿曹！
匹夫受戮或不避，所重壮气吞黄河。
临危闲暇有如此，览碑慷慨思横戈。

罗贯中在写《三国志通俗演义》时，也为严颜作诗称赞：

白发居西蜀，清名震大邦。
忠心如皎日，浩气卷长江。
宁可断头死，安能屈膝降？
巴州年老将，天下更无双。

唐贞观八年（634年），朝廷谥严颜为“壮烈将军”，并追封严颜为忠州刺史。同时，为褒扬历史上巴蔓子刎首留城、严颜宁死不屈，以地边巴徼、意怀忠信为名，改临州为忠州，这就是忠县名字的由来。自唐朝起，四川地区多修建祠堂或庙祭拜他。这种情况在宋代发展到了高峰。据宣和六年（1124年）巴州（今四川巴中）通判宗泽撰写的《重修英惠侯义济庙记》记载，巴州百姓祀严颜非常恭谨，凡是路过庙门，无论老人、壮汉、贤者、无赖，都把手举过头顶，再三祷告。

遇有灾害、疾病，都要到祠中祭祀。地方官多次把这些情况奏报朝廷。宋廷顺从民情，赐其庙额为“义济”，加封爵号为“英惠”，把巴州对严颜的崇祀由民间信仰变成了国家典祀。严颜出生地在重庆市忠县乌杨镇，故后人又称其为“乌杨将军”，当地人为纪念他，将其出生地取名为将军溪，所在地取名为将军村。过去忠县县城有严颜路、严颜桥、严颜碑等与他有关的地名和建筑。

（司逸澈）

参考资料

1. ［西晋］陈寿：《三国志》

2. ［东晋］常璩：《华阳国志》

3. ［北宋］司马光：《资治通鉴》

4. ［明］罗贯中：《三国演义》

5. 《三国一大谜案：严颜是否归降蜀汉》，华西都市报，2017 年 4 月 30 日

6. 蔡东洲：《严颜三墓考论》，《四川师范学院学报（哲学社会科学版）》2002 年第 5 期

董和　董允

董　和

董和（？—220）　字幼宰，蜀汉掌军中郎将，南郡枝江县（今湖北枝江）人，是深受百姓爱戴、获得诸葛亮高度评价的清廉官员。

董和的祖上本是巴郡江州（今重庆）人。《三国志·董刘马陈董吕传第九》记载：董和字幼宰，南郡枝江人也，其先本巴郡江州人。汉末，和率宗族西迁，益州牧刘璋以为牛鞞、江原长，成都令。蜀土富实，时俗奢侈，货殖之家，侯服玉食，婚姻葬送，倾家竭产。和躬率以俭，恶衣蔬食，防遏逾僭，为之轨制，所在皆移风变善，畏而不犯。然县界豪强惮和严法，说璋转和为巴东属国都尉。吏民老弱相携乞留和者数千人，璋听留二年，还迁益州太守，其清约如前。与蛮夷从事，务推诚心，南土爱而信之。

先主定蜀，征和为掌军中郎将，与军师将军诸葛亮并署左将军大司马府事，献可替否，共为欢交。自和居官食禄，外牧殊域，内干机衡，二十余年，死之日家无儋石之财。亮后为丞相，教与群下曰："夫参署者，集众思广忠益也。若远小嫌，难相违覆，旷阙损矣。违覆而得中，犹弃弊蹻而获珠玉。然人心苦不能尽，惟徐元直处兹不惑，又董幼宰参署七年，事有不至，至于十反，来相启告。苟能慕元直之十一，幼宰之殷勤，有忠于国，则亮可少过矣。”又曰：“昔初交州平，屡闻得失，后交元直，勤见启诲，前参事于幼宰，每言则尽，后从事于伟度，数有谏止；虽姿性鄙暗，不能悉纳，然与此四子终始好合，亦足以明其不疑于直言也。”

董和先后被益州牧刘璋任命为牛鞞、江原县长及成都县令。蜀地物产丰富，当时风气崇尚奢侈，经商之家，穿戴如同王侯，饮食玉液琼浆，到婚娶丧葬时，几乎倾尽家财来铺张办理。董和以自身的行为来为众人做出表率，粗衣素食，处处以符合礼制为行为准则，赏罚分明，当地奢侈之风气于是大为改变，大家都对其心存畏惧而不敢冒犯。县里的一些豪强因害怕董和的严厉，于是鼓动刘璋调任董和为巴东属国都尉，但没想到成都的官吏百姓扶老携幼挽留董和的达到几千人，刘璋只好让董和留任两年，再转升为益州郡太守，他在太守任上仍与过去一样清约节俭。他与周围少数民族打交道时，总是以诚心相待，故此深受南方少数民族的信任和爱戴。

建安十九年（214 年），刘备平定益州后，征召董和为掌军中郎将，与军师将军诸葛亮共同主持管理左将军、大司马府的事务，他们共事欢洽，交情深厚。自从董和居官食禄以来，对外治理安抚边疆少数民族，在内参与军国大事二十多年，临终时家中竟然没有一石粮食的私财。

建安二十五年（220 年），董和去世，诸葛亮追思不已，认为他尽职尽责，敢于谏言，高度评价他：“又董幼宰参署七年，事有不至，至于十反，来相启告。苟能慕元直之十一，幼宰之殷勤，有忠于国，则亮可少过矣。”其追思之深和褒扬如此之高。

董　允

董允（？—246）　字休昭，董和之子，三国时期蜀汉重臣。与诸葛亮、蒋琬、费祎并称蜀国“四英”（又号“四相”）。

《三国志·董刘马陈董吕传第九》记载：董允，字休昭，掌军中郎将和之子也。先主立太子，允以选为舍人，徙洗马。后主袭位，迁黄门侍郎。丞相亮将北征，住汉中，虑后主富于春秋，朱紫难别，以允秉心公亮，欲任以宫省之事。上书曰：“侍中郭攸之、费祎、侍郎董允等，先帝简拔以遗陛下，至于斟酌规益，进尽忠言，则其任也。愚以为宫中之事，事无大小，悉以咨之，必能裨补阙漏，有所广益。若无兴德之言，则戮允等以彰其慢。”亮寻请祎为参军，允迁为侍中，领虎贲中郎将，统宿卫亲兵。攸之性素和顺，备员而已。

献纳之任，允皆专之矣。允处事为防制，甚尽匡救之理。后主常欲采择以充后宫，允以为古者天子后妃之数不过十二，今嫔嫱已具，不宜增益，终执不听。后主益严惮之。尚书令蒋琬领益州刺史，上书以让费祎及允，又表“允内侍历年，翼赞王室，宜赐爵土以褒勋劳。”允固辞不受。后主渐长大，爱宦人黄皓。皓便辟佞慧，欲自容入。允常上则正色匡主，下则数责于皓。皓畏允，不敢为非。终允之世，皓位不过黄门丞。

允尝与尚书令费祎、中典军胡济等共期游宴，严驾已办，而郎中襄阳董恢诣允脩敬。恢年少官微，见允停出，逡巡求去，允不许，曰：“本所以出者，欲与同好游谈也，今君已自屈，方展阔积，舍此之谈，就彼之宴，非所谓也。”乃命解骖，祎等罢驾不行。其守正下士，凡此类也。

延熙六年，加辅国将军。七年，以侍中守尚书令，为大将军费祎副贰。九年，卒。

蜀汉章武元年（221 年），刘备在成都称帝，5 月立刘禅为太子，任命董允与费祎为太子舍人，后董允调任太子洗马，而费祎调任太子庶子。223 年，刘禅继位后，董允与费祎同为黄门侍郎。

建兴五年（227 年），诸葛亮准备北伐，驻于汉中。诸葛亮担心后主刘禅年纪尚轻，缺乏辨别是非曲直的能力，又认为董允为人正直、是非分明，于是想委任他负责处理皇宫内的事务。其后诸葛亮在《出师表》中提到郭攸之、费祎、董允之名，希望刘禅多多听取他们的意见。不久，诸葛亮任命侍中费祎为丞相府参军，随从北伐，于是董允便为侍中，兼领虎贲中郎将，统率宫中宿卫亲兵。

由于侍中郭攸之性格温顺，不敢管事，只是摆设而已，因此宫中之事就完全由董允个人负责。董允处理事务以防制为主，经常敢于匡正刘禅的不当行为。刘禅经常想要选民间美女充实后宫，董允则劝刘禅不应立过多后妃，认为："古者天子后妃之数不过十二，今嫔嫱已具，不宜增益。"由于董允坚持不同意刘禅的做法，刘禅也无可奈何，此后变得更加畏惧他。当时，诸葛亮北伐在外，蒋琬负责处理丞相府政务，而董允则负责在宫中匡扶君主，共同保持蜀汉后方稳定。

诸葛亮去世后，魏延与杨仪争执再起，互相控告对方谋反。董允与蒋琬都保举杨仪而质疑魏延的行动。其后尚书令蒋琬担任了益州刺史，他上书刘禅，希望能赐费祎及董允爵位、食邑，但董允始终推辞不受。刘禅渐渐长大，宠爱宦官黄皓，黄皓更想擅权专政，董允经常正颜厉色地匡谏刘禅，多次责备黄皓，黄皓十分惧怕董允，始终不敢为非作歹。

延熙六年（243 年），董允被加封为辅国将军。延熙七年（244

年)，大司马蒋琬因疾病加剧，不能处理国事，朝廷于是任命尚书令费祎为大将军，代理军国大事。董允以侍中的身份兼尚书令一职，成为大将军费祎的助手。最后于延熙九年（246 年）逝世。

董允为人恪守正直，礼贤下士，从不高高在上。有一次与尚书令费祎、中典军胡济等约定时间游宴，车驾都已经准备好了，而郎中董恢前来拜见，董允马上停下来接待他。董恢当时年少官微，见董允为他这个下臣而操劳，甚为不安，于是请求离去。董允不答应："本来出行的目的就是与志同道合之人游玩畅谈，现在君已屈尊来见，刚要一起好好说说话，却要舍掉此谈，去参加那个宴会，这不合适。"于是便放弃了与费祎去游玩。

董允为官一生，两袖清风，淡泊名利。鉴于其政绩显著，很多蜀汉官员甚至担任了益州刺史的蒋琬都上书刘禅，希望能给董允加官晋爵，奖赏食邑，但都被董允一一拒绝。据说有一次刘禅采纳了一位官员的建议，悄悄地把整个分水镇划在董允的名下，作为他及其子子孙孙的享用之地。听说此事之后，董允一面上书刘禅，坚决不受，一面骑着马不分昼夜地赶回分水镇，烧掉地契，将分到的田土一一退回给乡民。

诸葛亮在《出师表》中这样评价董允："侍中、侍郎郭攸之、费祎、董允等，此皆良实，志虑忠纯，是以先帝简拔以遗陛下。愚以为宫中之事，事无大小，悉以咨之，然后施行，必能裨补阙漏，有所广益。……至于斟酌损益，进尽忠言，则攸之、祎、允之任也。……若无兴德之言，则责攸之、祎、允等之慢，以彰其咎。"

在蜀汉士民眼中，董允与诸葛亮、蒋琬、费祎并列为"四英"。董允有匡主护国之功，他去世后，接替董允的侍中陈祇为人谄媚，与中常侍黄皓勾结，把持朝政，迷惑刘禅，终于导致蜀汉灭亡。蜀汉人民都因此而追思董允。在整部《三国志》中，董允是极少数能够立传“子不系父，可别载姓”的人物之一，足见其人之优越。《华阳国志》曰：“时蜀人以诸葛亮、蒋琬、费祎及允为四相，一号四英也。”

蜀汉四英雕塑

董允墓

董允墓位于四川省泸州市江阳区分水岭乡董允坝，当地传说为衣冠冢，建墓时间不详。明万历二十六年（1598 年），知州阮时升曾建墓碑、诗碑各一，诗云：“功著两朝存故里，人亡千载只孤坟，山河未改生前旧，禾黍今瞻陇下耘，遗冢有基犹识性，荐萍无主独悲君，遥知英爽依然在，欲挽炎精日已曛”。

（殷　智）

参考资料

1. ［西晋］陈寿：《三国志》

2. ［东晋］常璩：《华阳国志》

3. 重庆市地方志办公室编纂委员会：《重庆名人辞典》，四川大学出版社，1992

两晋南北朝时期

王　濬

王濬（206—286）　字士治，小名阿童，弘农郡湖县（今河南灵宝西）人，西晋时期名将。历任河东从事、巴郡太守、广汉太守、益州刺史，后拜右卫将军，任大司农，留镇益州，治水军。太康元年（280年），参加晋之战，因灭吴功勋卓著，先后被拜为辅国大将军、抚军大将军。王濬胸有奇志，才略过人，以七十五岁高龄，率水军从巴蜀顺流而下占领建业，接受吴主孙皓投降，实现西晋统一大业，建立了不朽功勋。

豁达少年　胸怀壮志

王濬出身于东汉的世代官吏之家。少年时代，他容貌俊美，学习勤奋，博通典籍，很有才华，但因平时不注重行为举止，也不愿博取名声，所以在乡里没什么名气，不为大家所称道。稍微长大些后，他变得心胸开阔，爽朗豁达，不拘小节，成为一个有雄心壮志的人。修建自己的房屋时，王濬在门前修了一条宽达几十步的路。人们对此颇为不解——自己走的路，修这么宽有什么用处呢？王濬的解释透露出他的野心：“我要使它能够容纳长戟幡旗的队伍。”人们当然不信，都拿此事取笑他，王濬不屑于理睬他们：“陈胜有言，燕雀安知鸿鹄之志！”

勤政为民　百姓拥戴

王濬在当地州府担任河东从事，即将上任时，一些素来不廉洁的官吏听说他的名字，知道自己的好日子到头了，吓得纷纷望风而逃。其后，王濬担任巴郡太守。当时蜀国已经灭亡，巴郡一带作为晋朝的领土，与吴国接壤，是双方战争的前线。巴郡经过多年征战，民力不足，而百姓苦于战争徭役，生了男丁多不愿养育，导致男少女多，性别结构失衡。王濬深知人口的重要性，他得知这一情况后，为恢复民力，制定了严格的法规条款，一方面减轻徭役课税，一方面积极鼓励生育。他做出规定，凡是生育者都可免除徭役。在这些措施的刺激下，百姓丢掉了顾虑，放心生养男丁，最终被保全成活的婴儿有数千人。后来，王濬在巴蜀训练水军时，这些男婴都长大了，到了服兵役的年龄。他们的父母感激王濬当年在巴郡的功德，都劝勉从军的儿子说："是因为王大人，才有了你们，你们在王大人的军队里，一定要尽心尽力，千万不要怕死！"这些人成为王濬水军的精英，为后来灭吴立下了汗马功劳。晋武帝泰始八年（272 年），王濬任广汉太守，广施德政，深受百姓爱戴。不久升迁为益州刺史，又用计杀掉了谋反的张弘等人，封关内侯，广施仁政，树立了威信，当地各族百姓，多来归附。因政绩突出，被拜为右卫将军、大司农。

老骥伏枥　志在千里

司马氏建立晋王朝后，据有原来魏、蜀之地，已控制着全国大部分州郡府县，经济实力和军事实力十分强大。吴自孙权死后，政局不稳，持续内乱不止，到孙皓继位后，仅有长江以南的荆、扬、交三州的全部或部分地区。孙皓又骄奢淫逸、残忍无道、穷兵黩武，惹得民怨沸腾，吴国国力逐渐被掏空。吴国一直凭借着长江天险苟延残喘，而没有像蜀国那样迅速被灭掉，其中一个主要原因，是晋朝没有一只强大的水军。泰始五年（269 年）起，晋武帝筹划剿灭吴国，在政治、经济和军事上采取了一系列措施，一面改善内政，开发农业、积存粮食；一面优选将帅，造楼船，练水军。其中最重要的一条，就是编练水军。车骑将军羊祜是王濬的至交，当时正筹划平吴，素知王濬奇略过人，胸怀大志，便密上表章，请仍留王濬于益州，参与平吴大计。晋武帝依羊祜之建议，再次任命王濬为益州刺史，下诏让王濬修造舟舰，训练水军。王濬造的连舫大船，方一百二十步，每艘可装载二千余人。大船周边以木栅为城，修城楼望台，有四道门出入，船上可以来往驰马。又在船头画上益鸟首怪兽，以恐吓江神，船舰规模之大、数量之多，自古未有。经过七年的战船打造和军事编练，王濬建立了一支极具战斗力的水军。晋武帝又拜王濬为龙骧将军，监梁益诸军事。

咸宁五年（279 年），司马炎发动灭吴之战，发兵二十万，计划分六路进攻吴国，其中由王濬率军自巴蜀顺江东下，直趋建业。十一月（一说为太康元年即 280 年正月），王濬率水陆大军自成都沿江而下，经重庆，穿瞿塘峡、巫峡，进至秭归附近。随后又攻破吴丹阳（今湖北秭归东南），擒吴丹阳监盛纪。顺流而下进入西陵峡，遇到了吴军设置的拦江铁锁和暗置江中的铁锥。由于此前羊祜擒获吴国间谍，得知上述情况，王濬提前做出准备，命人做了几十个大木筏，每个有方百余步大，筏上扎成草人，披甲执杖，令善水士兵乘筏先行，铁锥刺到筏上都被筏带去。又做火炬，长十余丈，大数十围，灌上麻油，放在船前，遇到铁锁，就点起火炬，将铁锁熔化烧断，于是战船通行无阻。这就是典故“铁索沉江”的来历。太康元年二月初三，攻克西陵，俘获吴镇南将军留宪、征南将军成据、宜都太守虞忠。初五，攻克荆门、夷道二城，俘获监军陆晏。初八，攻克乐乡，俘获水军督陆景，平西将军施洪等投降。挥师顺流而下，直抵吴都附近的三山，吴王孙皓派遣游击将军张象率水军万人抵御王濬，张象望见晋军旗帜而投降。孙皓等听说王濬军队的旗帜器甲，连天蔽江，威势极盛，吓破了胆，于是决定向王濬递上降表投降。三月十五日，王濬进入石头城（建业）。孙皓准备亡国之礼，驾着素车白马，袒露肢体，缚住双手，衔璧牵羊，大夫穿着丧服，士人抬着棺材，率领着孙瑾、孙虔等二十一人，到达军营门前。王濬亲自为孙皓松绑，接受了玉璧，烧掉了棺材，将孙皓送往洛阳。王濬从蜀出兵，兵不血刃，无坚不摧，夏口、武昌的吴军，无敢支吾抗拒者。这一年，王濬已经七十四岁。

罗贯中在《三国志通俗演义》第二百四十回《王濬计取石头城》记述王濬灭吴一事，将王濬塑造为一个勇武善战、足智多谋的文学形象。灭吴时，他率军扬帆而下，过三山，遇大风浪，船不能行，部下建议等风浪停后再继续前进。王濬大怒，拔剑怒叱："我现在要拿下石头城，别再说什么停下之类的话！"于是不顾风浪，擂鼓进军。吴将张象请降，王濬激张象说："若是真降，便为前部立功。"于是张象直至石头城下，叫开城门，接入晋兵，顺利迫使孙皓投降晋朝。

王濬水师灭吴一事，为历代文人所感怀。唐代诗人胡曾作《咏史诗·武昌》：

王濬戈铤发上流，武昌鸿业土崩秋。
思量铁锁真儿戏，谁为吴王画此筹。

唐代著名诗人刘禹锡作《西塞山怀古》感叹历史兴亡：

王濬楼船下益州，金陵王气黯然收。
千寻铁锁沉江底，一片降幡出石头。
人世几回伤往事，山形依旧枕寒流。
从今四海为家日，故垒萧萧芦荻秋。

这首诗被白居易赞誉为"探骊得珠"（《唐诗纪事》），被选入孙洙所编《唐诗三百首》。王濬也随着这首诗的传播得以名垂千古。

晋武帝拜王濬为辅国大将军，领步兵校尉职务。后来又转王濬为抚军大将军、开府仪同三司，加特进，散骑常侍、后军将军如故。太康七年（286 年），王濬去世，享年八十岁。

奇志英风　引人钦慕

王濬为官严格公正，重视民生，推行德政，在巴郡、广汉郡担任太守时，深受百姓爱戴。他极有军事才华，帮助晋朝建立和训练了一支强大的水军。他心怀鸿鹄之志，从不轻言放弃，以七十四岁高龄，亲自率军攻灭吴国，为晋朝一统天下建立了不朽功勋。好友羊祜评价："濬有大才，将欲济其所欲，必可用也。"王濬的部下何攀认为："濬性在忠烈，受命必果。"东晋权臣桓温评价："案故抚军王濬历职内外，任兼文武，料敌制胜，明勇独断，义存社稷之利，不顾专辄之罪。荷戈长鹜，席卷万里，僭号之吴，面缚象魏，今皇泽被于九州，玄风洽于区外，襄阳之封，废而莫续；恩宠之号，坠于近嗣。"晚清著名文史学家李慈铭将"王濬之武锐"列为"晋世第一流者"二十人之一。

唐建中三年（782 年），礼仪使颜真卿向唐德宗建议，追封古代名将六十四人，并为他们设庙享奠，当中就包括"抚军大将军襄阳侯王濬"。北宋宣和五年（1123 年），宋室依照唐代惯例，为古代名将设庙，七十二位名将中亦包括王濬。在北宋年间成书的《十七史百将传》中，王濬亦位列其中。

王濬谥号为"武"，葬于柏谷山。史籍所载柏谷山，在王濬的家乡即今河南省灵宝市，位于西阎乡大字营村的北岭。据《晋书》记载，王濬墓"大营茔域，葬垣周四十五里，面别开一门，松柏茂盛"，建造规模十分庞大。经历近两千年的风雨涤荡，如今墓址上的遗迹已荡然无存。唐代著名诗人李贺写有《王濬墓下作》一诗，描写王濬墓地的荒芜、凄凉，以寄托诗人的哀思：

人间无阿童，犹唱水中龙。
白草侵烟死，秋藜绕地红。
古书平黑石，神剑断青铜。
耕势鱼鳞起，坟科马鬣封。
菊花垂湿露，棘径卧干蓬。
松柏愁香涩，南原几夜风！

唐明皇李隆基路过王濬墓，作《过王濬墓》感慨：

吴国分牛斗，晋室命龙骧。
受任敌已灭，策勋名不彰。
居美未尽善，矜功徒自伤。
长戟今何在，孤坟此路傍。
不观松柏茂，空余荆棘场。
叹嗟悬剑陇，谁识梦刀祥。

唐朝著名政治家、文学家张九龄作《奉和圣制过王濬墓》，对王濬的历史功绩做出了评价：

汉王思钜鹿，晋将在弘农。
入蜀举长算，平吴成大功。
与浑虽不协，归皓实为雄。
孤绩沦千载，流名感圣衷。
万乘度荒陇，一顾凛生风。
古节犹不弃，今人争效忠。

（司逸澈）

参考资料

1. ［唐］房玄龄等：《晋书》

2. 重庆市地方志办公室编纂委员会：《重庆名人辞典》，四川大学出版社，1992

3. ［明］罗贯中：《三国志通俗演义》

罗宪

罗宪（218—270）　字令则，湖北襄阳人，文武双全的西晋开国将领，谥“烈侯”。仕晋官至冠军将军、假节，封西鄂县侯。罗宪在蜀、魏任巴东（今重庆奉节一带）太守时，在永安（今奉节白帝城）要冲成功抵御孙吴政权的几次入侵，后来守护住了西蜀门户，为西晋从长江出兵灭吴提供了条件。

青年俊彦　才冠蜀中

东汉建安二十三年（218 年），罗宪出生在荆州襄阳（今湖北襄阳）。在他出生之前十年（208 年），这里发生了一场改变了历史进程的战争——赤壁之战。这场战争中，弱小的孙刘联军击败了强大的曹军，破灭了曹操统一天下的梦想，奠定了天下三分的基础。罗宪三岁时（221 年），刘备在成都称帝，正式建立了蜀汉政权。

早年，罗宪以才学闻名。十三岁时，他就写得一手秀丽文章，深得乡邻的称誉。为躲避战乱，父亲罗蒙带着罗宪逃到蜀地，后来一直在蜀地做官，担任广汉（今四川广汉）太守。这使得罗宪有机会师从著名学者谯周。谯周是当时四川地区著名的孔学大儒和教育官员，为蜀国培养了大批人才，如《三国志》作者、史学家陈寿，《陈情表》作者、文学家李密，西晋大臣、学者文立，等等，都是他的得意门生。

在谯周门下，罗宪是最优秀的学生之一，被谯周的其他学生称赞为“子贡”。延熙元年（238 年），汉怀帝刘禅立其子刘璿为太子，罗宪被选中任命为太子舍人。太子舍人这个官位虽然品级很低，但因其职责主要是陪伴在太子身边，以其修养品行影响太子，所以选拔任用的人都是德行高尚之人。可见当时年仅二十岁的罗宪，其德行和才华已被世人公认。不久，升任尚书吏部郎。后来，又以宣信校尉的身份两次出使吴国。关于这两次出使的详细情况，由于史料言之不详，目前已不可考。但从《晋书》中“吴人称焉”的记载可知，他的出使取得了极大的成功。

恪尽职守　血战永安

蜀国后期，汉怀帝刘禅昏庸无能，宠信宦官黄皓，黄皓借机逐渐参预朝政。到景耀元年（258 年），侍中陈祗病死后，黄皓开始专秉朝政、操弄权柄。蜀国大臣为保全自己，多数都投靠依附了黄皓。唯独罗宪，坚决不把自己带入这种不正常的人身依附关系中。黄皓对此十分恼火，于是一纸调令，把罗宪贬到巴东郡当了太守。

在巴东，罗宪的军事才华得到了淋漓尽致的发挥。其时，蜀国右将军阎宇任永安都督。刘禅拜罗宪为领军，当了阎宇的副将。这时，魏、蜀两国的形势和力量已经发生了巨大变化。刘禅昏庸无能，宦官黄皓擅权，内耗日益严重，加上对外连年征战，国力不断衰落。而魏国，司马氏父子通过两次政变独掌大权，政治稳定，经济发展，军事力量十分强大。司马氏为寻求政治方面的新突破，发动了灭蜀之战。景耀六年（263 年）8 月，魏国邓艾、钟会、诸葛绪分三路南下伐蜀。邓艾以三万精兵偷渡阴平，奇袭江油，锋芒直指已无险可守的成都，蜀国军事形势直转急下。危机中，刘禅急令阎宇率兵救援。于是阎宇亲率余众西向救援成都，仅给罗宪留下了二千兵力镇守永安门户。不久，蜀军在绵竹遭遇惨败，魏军兵临成都城下。刘禅为求保全，向魏军投降，蜀国灭亡。

蜀军惨败的传闻传到巴东一带时，沿江不少官吏都闻风弃城逃跑了，永安城也陷入了惊慌和扰乱中，城中军民人人自危。罗宪知道，这种情形再继续下去，永安将不战自溃，为以儆效尤，他果断地杀掉了一名散播成都战败消息的“造谣者”，成功地安抚稳定了民心军心，恢复了永安城的秩序。不久，罗宪得到了刘禅令他投降魏国的手诏。得知刘禅已投降，他怀着国家破灭、壮志未酬的悲凉沉痛之心，率部到永安城前的都亭大哭了三天，而后继续驻防永安。后人庾信在其名作《哀江南赋》的序文中，用一句“三日哭于都亭”来哀悼梁朝灭亡，借用的就是此事。

吴国和蜀国本是盟国，但蜀国灭亡的消息传到吴国后，吴景帝孙休却想浑水摸鱼，趁乱夺取巴东。他派建平太守盛曼率领吴国军队，以救援罗宪的名义向永安进兵。嗅觉敏锐的罗宪一眼就识破了吴国的诡计。他愤然地对部属说道：“吴与蜀唇齿相依，蜀灭亡，吴不为我们的国难感到痛惜，反而背弃盟约，因一些小利而攻击我们，实在太不讲道义了！蜀已灭亡，吴还能够长久吗？我岂能向吴投降！”守城将士听了无不激愤。于是罗宪归顺了魏国，然后修缮兵器，完善城防，整治军队，英勇击退了吴国的进攻。

罗宪排兵地——夔门

罗宪排兵地——白帝城

不久，蜀地形势又发生了剧变。咸熙元年（264年），“钟会之乱”爆发。魏将钟会在灭掉蜀国后野心膨胀，举兵谋反，然而很快失败，钟会伏诛，邓艾也在战乱中被杀。蜀地的一百多座城池成为无主之地。面对土地的诱惑，吴国派抚军将军步协再次对永安发起了进攻。罗宪兵士凭借永安城临江的天险死守阵地，以弓箭拒射吴军。但因吴军人多势众，防御逐渐不支。情况紧急之下，罗宪派参军杨宗带着他的印绶突围北出，向安东将军陈骞求救。援军尚未到达，步协领军攻城，罗宪便率军出城与其血战，结果大破吴军。

围攻永安的失败，并没有让吴主孙休吸取教训，他被愤怒冲昏了头脑，又派遣镇军将军陆抗率领三万吴军增援步协围城。陆抗是名将陆逊之子、吴国后期著名将领，他在后来的晋吴西陵之战中，作为吴军的主帅，成功逼退强晋三路雄兵，独力支撑起东吴的安危，是一名天才军事家。然而，强如陆抗，也未在与罗宪的交锋中讨到便宜。罗宪军在永安城坚守了整整六个月。此时，魏国援军迟迟不到，城中兵力折损大半，已近弹尽粮绝，又遇上瘟疫爆发，形势岌岌可危。部属向罗宪提议向南方的牂柯或者向北方的上庸突围，罗宪坚决不同意，他说：“我作为一城之主，是百姓所依靠的对象，不能固守城池而在形势危急的情况下抛弃他们，不是君子的作为。我决定死在这里！”他下定决心死守永安城，与城池共存亡。最终，他们成功等来了魏国的援救。魏国援军直抄吴军的后路西陵，陆抗等眼见形势已不利于己方，不得不引军撤回了吴国。这场守城战在古代战争史中并不出名，但不应被忽视，其过程中展现出的人性的光辉，足以彪炳史册。

忠贞风节　后世颂扬

罗宪正直忠烈，严肃庄重，轻财好施，尊重同僚，爱惜士兵。作为一城之主，他爱护百姓，在危难之时坚决不肯弃城逃生。作为一名将军，他用忠诚、坚毅和血胆，以区区二千人的兵力，成功地抵御了三万吴军入侵，创造了以少胜多的奇迹。他高风亮节，举贤荐能，内举不避亲，向司马炎推荐了常忌、杜轸、寿良、陈寿等大量来自蜀地的人才。他品格正直，不事权贵，面对黄皓施加的强大政治压力，丝毫不为所动。司马炎对罗宪评价极高："宪忠烈果毅，有才策器干。"而《晋书》则认为，罗宪是具有高尚德行之人，他始终如一地坚守气节，其忠烈可与古人比肩："忠为令德，贞曰事君，徇国家而竭身，历夷险而一节。罗宪、滕修，濯缨入仕，指巴东而受脤，出岭峤而扬麾。属鼎命沦胥，本朝失守，[illegible]巴丘而流涕，集都亭而大临。古之忠烈，罕辈于兹！"

（司逸澈）

参考资料

1. ［唐］房玄龄等：《晋书》

2. ［东晋］习凿齿：《襄阳记》

3. ［西晋］陈寿：《三国志》

4. ［东晋］常璩：《华阳国志》

5. ［北宋］司马光：《资治通鉴》

唐宋元时期

杜 甫

杜甫（712—770） 字子美，汉族，湖北襄阳人，自号少陵野老，生活在唐朝由盛转衰的历史时期，多涉笔社会动荡、政治黑暗、人民疾苦，表达出崇高的儒家仁爱精神和强烈的忧患意识，是著名的现实主义诗人。晚年客居夔州（今重庆奉节），创作了《登高》《秋兴八首》《负薪行》等大量名作，上悯国难，下痛民穷，被后人称为“诗圣”。他的诗表达悲天悯人的情怀，济世安民的思想，被称为“诗史”。郭沫若赞其：“世上疮痍，诗中圣哲；民间疾苦，笔底波澜。”

杜甫塑像

自幼好学思即壮　裘马清狂游四方

杜甫出身于一个世代“奉儒守官，未坠素业”的官宦之家，家庭给予了他正统的儒家文化教养和积极的入世之心。杜甫自小好学，“七龄思即壮，开口咏凤凰。九岁书大写，有作成一囊”（《壮游》），具有深厚的文化修养。

盛唐时期，文人雅士多不囿于书斋生活，喜好游历天下。开元十九年（731 年），杜甫出游郇瑕（今山东临沂）。第二年，漫游吴越（今江苏、浙江一带），历时数年。开元二十四年（736 年），他再次出游齐赵（今山东、河北南部）。天宝三年（744 年），杜甫在洛阳与被唐玄宗赐金放还的李白相遇，两人相约同游梁宋（今河南开封、商丘一带），结下了“醉眠秋共被，携手日同行”的友谊。

虚负凌云万丈才　一生襟抱未曾开

天宝六年（747 年），唐玄宗诏天下“通一艺者”到长安应试。第二年，杜甫结束了“放荡齐赵间，裘马颇清狂”的漫游生活，来长安求仕，以实现扶世济民的政治理想。由于权相李林甫编导了一场“野无遗贤”的闹剧，参加考试的士子全部落选。为实现理想，杜甫不得不转走权贵之门，投赠干谒等。他客居长安十年，奔走献赋，过着“朝扣富儿门，暮随肥马尘”（《奉赠韦左丞丈二十二韵》）“饥饿动即向一旬，敝衣何啻悬百结”（《投简成华两县诸子》）的生活。杜甫没有回避艰苦，坚决走上入世的道路。天宝十年（751 年），唐玄宗朝拜献祭于太清宫，祭祀天地和祖先，杜甫进献了三大礼赋，得到皇帝赏识，让他等待诏命。直至天宝十四年（755 年），杜甫才被授予河西县尉（九品，主管一县治安），后改授右卫率府兵曹参军（管理东宫宿卫）。

生活折磨了杜甫，也成全了杜甫。他再无青年时代轻狂的心态，也失去了健康的体魄，但同时也磨炼出一双透视生活的眼睛。长安十年，正是日渐衰微的唐王朝大肆征兵、穷兵黩武的时期，给人民造成了巨大灾难。杜甫深入人民生活，看到人民疾苦，也看到统治阶级的罪恶，写出了《兵车行》《丽人行》《自京赴奉先咏怀五百字》等现实主义作品，逐渐转变为一个忧国忧民的诗人，奠定了此后的创作方向。

颠沛流离伤时乱　心系家国矢不渝

唐玄宗晚年荒淫无道，造成国力空虚，阶级矛盾和民族矛盾日趋尖锐，逐渐形成了地方军阀割据的局面。天宝十四年，安史之乱爆发。第二年六月，潼关失守，玄宗西逃。七月，太子李亨继位于灵武，是为肃宗。《新唐书·杜甫传》有载："会禄山乱，天子入蜀，甫避走三川。肃宗立，自鄜州羸服欲奔行在，为贼所得。"听说肃宗继位，杜甫只身北上，投奔灵武，途中不幸为叛军俘虏，押至长安。至德二年（757 年），杜甫暗自出逃，投奔唐肃宗，后被授为左拾遗，是皇帝的谏官，世称"杜拾遗"。不料很快因营救房琯触怒肃宗，被贬任华州司功参军，负责地方祭祀、礼乐、学校、选举、医筮、考课等事，此后不得重用。

乾元元年（758 年），杜甫暂离华州，到洛阳探亲。第二年，唐军与安史叛军邺城（今河南安阳）之战爆发，唐军大败。见到战乱给百姓带来的无穷灾难和人民忍辱负重参军参战的爱国行为，杜甫感慨万千。一方面，他大力揭露兵役的黑暗，为人民的不幸而悲伤；另一方面，他又为国家和民族的命运而担忧，告诫文武官吏要"勠力扫欃枪"，勉励人民积极参战，期间写出了"三吏""三别"等饱含爱国主义精神的诗篇。

渝州夔门路一千　老病残舟诗五百

大兵之后，必有凶年。乾元二年（759 年），关中大旱，饿殍遍野，物价飞涨，斗米千钱。四川较之中原还比较安定，北方人士纷纷入蜀避难。这一年，杜甫弃官远行，西去秦州（今甘肃天水一带），开始了“漂泊西南天地间”的岁月。南下同谷（今甘肃成县），几经辗转，到达成都。在亲友的帮助下，于城西浣花溪畔建成了一座草堂，世称“杜甫草堂”，也称“浣花草堂”。宝应元年（762 年），成都尹严武被诏还朝，杜甫为其送行，一直送到绵阳。期间，成都军阀徐知道造反，加之吐蕃骚扰不断，致使杜甫不能回归，寓居梓州。广德元年（763 年），历时七年三个月的安史之乱终于结束。杜甫百感交集，作成《闻官军收河南河北》。此时，吐蕃已成唐王朝的严重边患，战事不断。杜甫作《为阆州王使君进论巴蜀安危表》，代阆州王刺史向代宗进论巴蜀安危建议。广德二年（764 年），侍郎严武为剑南节度使，重新镇蜀，杜甫再一次回到草堂。严武表荐杜甫为检校工部员外郎，任节度使署中参谋，后人又称为“杜工部”，不久杜甫再次辞官。这五六年间，杜甫寄人篱下，生活依然很苦，曾写下了《茅屋为秋风所破歌》等名篇。

茅屋为秋风所破歌

唐　杜甫

八月秋高风怒号，卷我屋上三重茅。茅飞渡江洒江郊，高者挂罥长林梢，下者飘转沉塘坳。

南村群童欺我老无力，忍能对面为盗贼，公然抱茅入竹去。唇焦口燥呼不得，归来倚杖自叹息。

俄顷风定云墨色，秋天漠漠向昏黑。布衾多年冷似铁，娇儿恶卧踏里裂。床头屋漏无干处，雨脚如麻未断绝。自经丧乱少睡眠，长夜沾湿何由彻？

安得广厦千万间，大庇天下寒士俱欢颜，风雨不动安如山。呜呼！

何时眼前突兀见此屋，吾庐独破受冻死亦足！

此诗作于上元二年（761 年）。上元元年（760 年）春，杜甫在亲友帮助下，在成都浣花溪边盖起了一座茅屋，有了栖身之所。不料第二年八月，大风破屋，大雨又接踵而至。当时安史之乱尚未平息，诗人感慨万千，写下了这篇脍炙人口的诗篇。

永泰元年（765 年），严武病逝。杜甫告别草堂，沿岷江南下，经嘉州（今四川乐山）、戎州（今四川宜宾）、渝州（今重庆）、忠州（今重庆忠县），于大历元年（766 年），辗转到达夔州（今重庆奉节）。这里山川雄伟险要，有很多名胜古迹，杜甫留下了《夔州歌十绝句》《上白帝城》《禹庙》《八阵图》《秋兴八首》等诗篇。生活的窘迫、常年的颠簸和无尽的忧愤，使得他疾病缠身，已是“牙齿半落左耳聋”。受夔州都督柏茂林照顾，杜甫和家人一同参加劳动，艰难的生活得以缓解。杜甫在夔州住了一年又九个月，几度迁移。宋代陆游《东屯高斋记》说：“少陵先生晚游夔州，爱其山川不忍去，三徙居皆名高斋。质于其诗，曰‘次水门’者，白帝城之高斋也；曰‘依药饵’者，瀼西之高斋也；曰‘见一川’者，东屯之高斋也。”明代陈文烛《重修瀼西草堂记》说：“（子美）寓于夔门，其居三徙，有

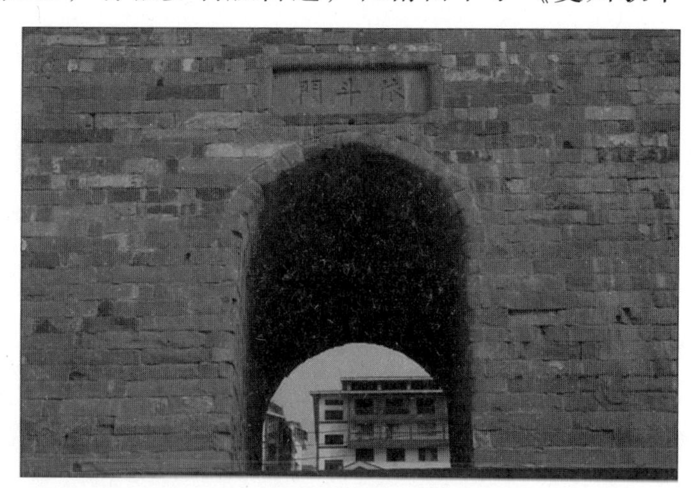

奉节县依斗门，取自杜甫《秋兴八首》其二中诗句“夔府孤城落日斜，每依北斗望京华。”

瀼东，有东屯，而瀼西尤著。”

在孤苦异乡，虎啸猿哀，沙鸥回荡，落木萧萧，长江滚滚，杜甫想着自己一生漂泊，历经艰辛，贫病交加，总是无法抑制自己的悲哀。在《昔游》《壮游》中，他将一己之生平寓于国家兴衰治乱中叙说。《秋兴八首》集中表达了他垂暮之年仍羁旅漂泊于异乡的哀愁，以及对烽烟叠起、屡经战乱的长安的怀念。

秋兴八首（其一）

唐　杜甫

玉露凋伤枫树林，巫山巫峡气萧森。
江间波浪兼天涌，塞上风云接地阴。
丛菊两开他日泪，孤舟一系故园心。
寒衣处处催刀尺，白帝城高急暮砧。

《秋兴八首》是大历元年秋，杜甫在夔州时所作的一组七言律诗。杜甫自乾元二年（759 年）弃官，至当时已历七载，战乱频仍，国无宁日，人无定所，当此秋风萧瑟之时，不免触景生情。这组诗熔铸了夔州萧条的秋色，清凄的秋声，诗人暮年多病的苦况和关心国家命运的深情，悲壮苍凉，意境深闳，体现了杜甫晚年的思想感情和艺术成就。

同时，杜甫痛感朝廷无能，心忧家国苦难，常常对国事、朝事、政事回忆牵挂。他在《往在》中，历叙了三朝治乱。在《夔府书怀四十韵》中，他回忆肃宗代宗时的乱离，分析总结大乱的原因，提出了救世计策，并深期有济世之人除乱立功，表现出壮志仍存却苦于衰病而无力报国的心绪。在《诸将五首》中，他叙述了当时“万国皆戎马”的混乱局面和自己“不眠忧战伐”的焦急心情。杜甫还在与朋友送别、酬答的诗作中对友人寄予热望，希望其能报君效国，尽最大努力挽救国家危亡，救人民于水火之中。虽远离了君国朝政，自身也进入垂暮之年，不能尽报效之力，但杜甫内心仍无时无刻不与国家命运紧紧联系在一起。

诸将五首（其五）

唐　杜甫

锦江春色逐人来，巫峡清秋万壑哀。
正忆往时严仆射，共迎中使望乡台。
主恩前后三持节，军令分明数举杯。
西蜀地形天下险，安危须仗出群材。

《诸将五首》是一组政治抒情诗，于大历元年作于夔州。以安史之乱以来的军政大事为中心展开议论，当时边患不断，杜甫痛感朝廷的武官们平庸无能，故作诗加以讽刺，表现了对国家安危、民生疾苦的深切关怀和忧虑，极度希望君主明智有为，文臣武将用得其人。

对于战乱时局给天下苍生带来的苦难，杜甫有着深切的同情，并把自己的满腔热情和无尽关怀，毫无保留地奉献给了饱经灾难的夔州人民。《雷》《驱竖子摘苍耳》《白帝》《虎牙行》等诗作，无不表现了他对民生疾苦的深刻体察与关怀。《负薪行》《最能行》等诗作，更是把夔州的风土民情与人文关怀融为 体，表达了诗人对百姓疾苦的关怀，对民间苦难的悲恸。杜甫到达夔州时，人生经历和艺术造诣都已有深厚积淀，近两年间留下了430余首诗，数量多、题材广，占其一生诗作的三分之一。

负薪行

唐　杜甫

夔州处女发半华，四十五十无夫家。
更遭丧乱嫁不售，一生抱恨长咨嗟。

土风坐男使女立，应当门户女出入。
十犹八九负薪归，卖薪得钱应供给。
至老双鬟只垂颈，野花山叶银钗并。
筋力登危集市门，死生射利兼盐井。
面妆首饰杂啼痕，地褊衣寒困石根。
若道巫山女粗丑，何得此有昭君村？

大历元年春，杜甫游云安（今重庆云阳）到夔州。到夔州后不久，诗人看到了底层劳动人民的困苦生活。通过对夔州一带重男轻女风俗的描写，表达了对劳动妇女的深切关怀和同情，也是杜甫一贯忧国忧民思想的具体反映。

大历三年（768 年），杜甫思乡心切，乘舟出峡。大历五年（770 年），在由潭州往岳阳的一条小船上去世，“偏舟下荆、楚间，竟以寓卒，旅殡岳阳，享年五十九”（元稹《唐故检校工部员外郎杜君墓系铭》）。中唐诗人元稹曾为杜甫写下墓志铭：“诗人以来，未有如子美者。”

晚节渐于诗律细　名满夔州胜迹留

在杜甫的一生中，唐朝经历了由盛而衰的转变，民族矛盾、阶级矛盾和政治斗争都日益突出。作为一位有高度政治责任感和强烈忧患意识的诗人，杜甫同人民一道体味着大厦将倾的忧虑和大厦已倾的悲凉，一生为唐王朝的命运和人民的疾苦奔走呼号。杜甫对儒家入世思想和“仁政”“民本”思想十分执着，立志于“致君尧舜上”，即使流落饥寒，也“一饭未尝忘君”，但皇帝却始终没能让他施展才华。他走向没落的家族留给他“读书破万卷”的积淀，年轻时代远游和十载长安困守使他具备了“穷年忧黎元”的思想，仕途阻厄、生活窘迫，使他更大限度地感受到底层人民的悲苦，他把人民的痛苦作为主要表现对象，并且投入自己血泪深沉的感情。安史之乱爆发，使本就生计窘迫的他陷入了极度困境。万方多难，他忧心如焚，创作素材更加丰富。在他人生的最后时光，只能依靠朋友们的帮助才得以如“天地一沙鸥”般四处飘零。西南漂泊激发了杜甫创作的激情，他渴望把内心的情感宣泄出来，用诗歌的形式表达悲苦和忧虑。这些主客观条件使他创作出一部思想恢宏的“诗史”。

杜甫在夔州对唐代的新兴诗体七律做了精心研究，并进行了大量创作实践，使这种诗体臻于成熟和完善。《登高》被明代评论家胡应麟誉为“古今七言律第一”。《诸将五首》和《咏怀古迹五首》被卢世㴶称为“七言律命脉根底”。《八哀诗》打破了传统模式，不以散文的形式而以诗歌的形式为逝去的朋友立传。《秋日夔府咏怀奉寄郑监李宾客之一百韵》，是其一生写下的最长的排律诗对，写景记事，劝勉友人，感情沉郁，诗气豪迈，开中国诗歌史古今百韵诗之祖。清末学者卢德水评其为“波澜层叠、丝无毫痕，真绝作也”。

登　高

唐　杜甫

风急天高猿啸哀，渚清沙白鸟飞回。
无边落木萧萧下，不尽长江滚滚来。
万里悲秋常作客，百年多病独登台。
艰难苦恨繁霜鬓，潦倒新停浊酒杯。

此诗作于大历二年（767 年）秋，是杜甫在极端困窘的情况下写成的。诗人独自登上夔州白帝城外的高台，登高临眺，萧瑟的秋江景色，引发了他身世飘零的感慨，渗入了他老病孤愁的悲哀。于是，他作成这首被誉为“七律之冠”的《登高》。

作为夔州诗现实主义流派的杰出代表，杜甫对后世影响深远。他开创“即事名篇”的新乐府诗，下启中唐新乐府运动。中晚唐写实诗人张籍、白居易、元稹、杜荀鹤、曹邺、皮日休等均受其影响，形成一个现实主义诗派。宋朝理学的发展确保了杜甫作为诗的典范以及他至高无上的地位。黄庭坚、陈师道等专门探究杜诗奇峭的一面，形成了“江西诗派”。之后王安石、陆游、文天祥也都在一定程度上受到了杜甫的影响，文天祥在燕京狱中作了200首《集杜诗》，在自序里说“凡吾意所欲言者，子美先为代言之”，以杜诗为坚守民族气节的精神力量。清初文学评论家金圣叹把杜甫所作之诗与屈原的《离骚》、庄周的《庄子》、司马迁的《史记》、施耐庵的《水浒传》、王实甫的《西厢记》，合称“六才子书”。在当代，杜甫对国家的忠心和对人民的关切被重新诠释为爱国主义、民族主义和以人为本的情怀。

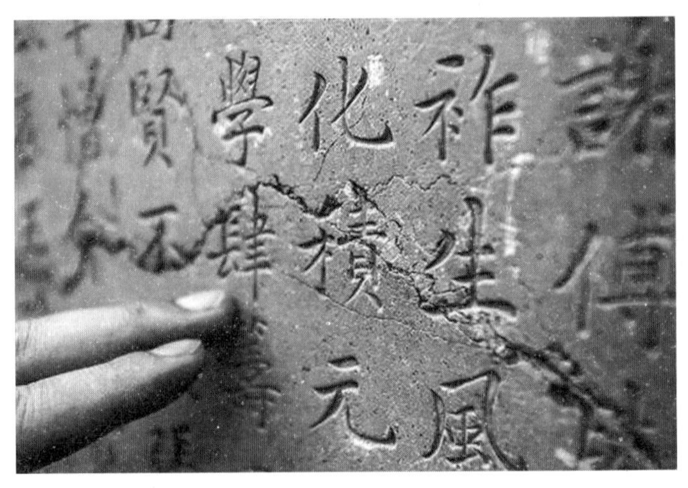

奉节县草堂中学，东屯祠仅存的残碑裂纹纵横

据《奉节县志(1893—1990)》记载：“庆元三年(1197年)市而归诸官，增修杜公故址，从此东屯遂为夔州胜迹。清末，知县候昌镇于东屯故址重修杜甫草堂。1984年，白帝文管所在白帝山腰观音洞旁建西阁。”据夔州杜甫研究会介绍，夔州纪念杜甫的草堂始建于宋朝，和成都杜甫草堂一道被誉为“东西草堂”。后在瀼西、东屯、西阁、关庙沱、鱼复五个地方先后建起杜甫草堂。祭祀杜甫，一直是夔州最重大的人文活动。时代变迁，瀼西祠改为夔

州府衙所在地，后毁于战火；关庙沱祠在清乾隆年间，因山体滑坡被毁；鱼复祠在1941年的日机轰炸中被毁；东屯祠于20世纪50年代被改建为草堂供销合作社，仅留下一块残碑；西阁祠因三峡库区蓄水被拆除，杜甫石像被移往白帝城山腰。如今，杜甫纪念碑仍然伫立在草堂中学的操场一隅。这块由安徽巡抚冯煦于清光绪三十四年（1908年）所撰的石碑，题有《重建杜工部瀼西草堂记》，上面记载：“虽历朝历代几经战火，但祭祀杜甫香火绵绵不绝，诗圣家国忧思，千载之下仍激荡回响。”

（陈欣如）

参考资料

1. 李朝林：《渝州夔门路一千　老病残舟诗五百——杜甫在重庆的流寓生活和诗歌创作》，《重庆教育学院学报》2006年第19期

2. 陈默：《杜甫夔州诗歌研究》，硕士学位论文，内蒙古大学，2009

3. 冯至：《杜甫传》，人民文学出版社，1980

4. 曹枣庄：《杜甫在四川》，四川人民出版社，1983

5. 四川省奉节县志编纂委员会：《奉节县志（1893—1990）》，方志出版社，1995

6. ［后晋］刘昫等：《旧唐书》

7. ［北宋］欧阳修等：《新唐书》

刘禹锡

刘禹锡塑像

刘禹锡（772—842） 字梦得，祖籍河南洛阳，出生于嘉兴（今浙江嘉兴），自称是西汉中山靖王后裔。唐朝文学家、哲学家和政治家。刘禹锡诗文俱佳，涉猎题材广泛，与柳宗元并称“刘柳”，与韦应物、白居易合称“三杰”，与白居易合称“刘白”，有《陋室铭》《竹枝词》《杨柳枝词》《乌衣巷》等名篇。哲学著作主要是《天论》三篇，论述天的物质性，分析“天命论”产生的根源，具有鲜明的唯物主义倾向；关于自然与人的关系，刘禹锡提出了天与人“交相胜，还相用”的观点，具有积极进取的精神。

唐贞元九年（793 年），刘禹

锡中进士。他曾任监察御史，政治上主张革新，是王叔文政治革新集团的核心人物之一。永贞革新失败，刘禹锡先后被贬为朗州司马及连州、夔州、和州三地刺史，宝历二年（826 年）奉调回洛阳，任职于东都尚书省，此后，历任集贤殿学士、礼部郎中、苏州刺史、汝州刺史、同州刺史，最后改任太子宾客、秘书监分司东都的闲职。刘禹锡晚年到洛阳，与朋友白居易、裴度、韦庄等唱和对吟，生活闲适。和白居易留有《刘白唱和集》《刘白吴洛寄和卷》，与白居易、裴度留有《汝洛集》等对吟唱和的佳作。会昌二年（842 年）病卒于洛阳，享年七十岁，死后被追赠为户部尚书，葬在河南荥阳（今河南郑州荥阳）。

刘禹锡其父、祖均为小官僚，他很小就开始学习儒家经典和诗词歌赋。他的诗富有哲人的睿智和诗人的挚情，留下了“沉舟侧畔千帆过，病树前头万木春”“旧时王谢堂前燕，飞入寻常百姓家”“东边日出西边雨，道是无晴却有晴”“惟有牡丹真国色，花开时节动京城”等名句，有“诗豪”之称。他主张写诗之人应“片言可以明百意，坐驰可以役万景”（《董氏武陵集纪》），他的山水诗改变了大历、贞元诗人襟幅狭小、气象萧瑟的风格，常常表现出高扬开朗的精神。

刘禹锡性格刚毅，加之受道家影响，虽多次被贬谪，但始终不曾绝望，有着斗士的灵魂。政治上刘禹锡有自己坚定的政治理想，提出“既得位，当行之无忽”（《与刑部韩侍郎书》），要求当政者在其位谋其政，要有实干的精神。刘禹锡初到连州任刺史写就的《连州刺史厅壁记》中提道“或久于其治，功利存乎人民；或不之厥官，翘颙载于歌谣”，表明了他治理地方的宗旨，将“功利存乎人民”作为一以贯之的目标。

长庆元年（821 年）冬，刘禹锡被任命为夔州刺史。刘禹锡本有“治大国若烹小鲜”的宰辅之才，又主政地方多年，所以处理夔州一地的公务对他来说游刃有余，无需耗费全部精力，有较多的时间从事文学创作。从他的诗文中，我们看到了一个亲民爱民的夔州刺史。

勤于政务　倡教兴学

刘禹锡到夔州后不久，在长庆二年（822 年）、长庆三年（823 年）和长庆四年（824 年）分别向朝廷上呈《夔州谢上表》《夔州论利害表》和《夔州论利害表二》，提出任用贤能的主张，表达自己认真治理夔州的决心，并向朝廷提出了自己的治理意见。在夔州期间，“禹锡尝叹天下学校废”，给宰相上奏一篇《请减繁费增设学校奏记》，反对把大量的费用花在州县释奠上，建议将钱款用于增添校舍、增加学校设备、改善学校伙食等：“言者谓天下少士，而不知养材之道，郁堙不扬，非天不生材也。是不耕而叹廪庾之无余，可乎？贞观时学舍千二百区，生徒三千余，外夷遣子弟入附者五国。今室庐圮废，生徒衰少，非学官不振，病无赀以给也。凡学官，春秋祭奠于先师，斯止辟雍、泮宫，非及天下。今州县咸以春秋上丁有事于孔子庙，其礼不应古，甚非孔子意。……今夔州四县释奠岁费十六万，举天下州县岁凡费四千万……于学无补也。请下礼官，博士议，罢天下州

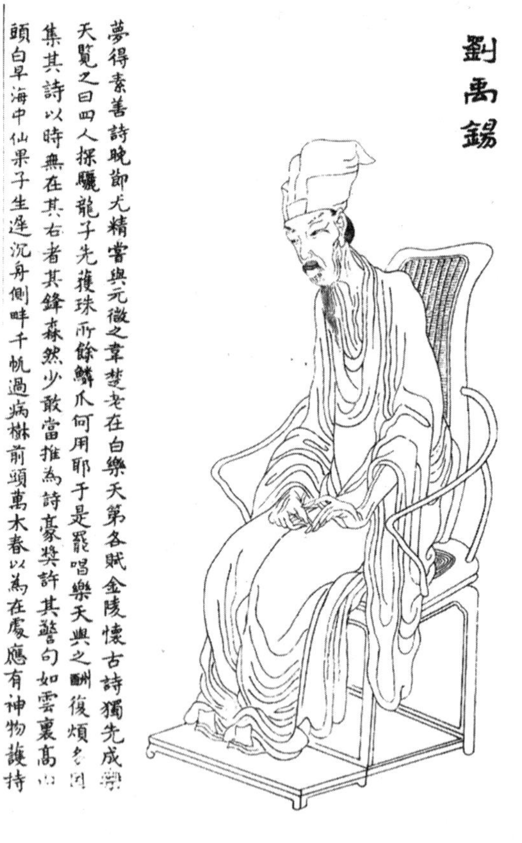

《旧唐书》中的刘禹锡画像

县牲牢衣币，春秋祭如开元时。籍其资半畀所隶州，使增学校，举半归太学，犹不下万计。可以营学室，具器用，丰馔食，增掌故，以备使令，儒官各加稍食，州县进士皆立程督，则贞观之风，粲然可复。”

把更多的祭奠用的经费用于学校建设，不但能强化教育体制，也可为国家节约开支，增加学校数量，可培养更多人才，与之前《夔州论利害表》中谈到的任用人才有密切关系，对国家建设都是有益的。

刘禹锡在夔州时对农业生产非常重视，他亲自到乡里考察农业生产技术。打听到夔州当地用畲田之法（即放火烧山，再在灰土里播种）耕种，便和下属一起去参观了山林烧荒活动。回到夔州府衙后，刘禹锡写下《畲田行》，以生动逼真的画面，描绘了巴人畲田劳动的全过程：

何处好畲田？团团缦山腹。钻龟得雨卦，上山烧卧木。……下种暖灰中，乘阳拆牙孽。苍苍一雨后，苕颖如云发。巴人拱手吟，耕耨不关心。由来得地势，径寸有余阴。

畲田是一种原始的耕作方式，它不翻地，不进行田间管理，只是播种和收获，这样产量不会高，只好广种薄收，这是由当时当地的生产力发展水平决定的，在古代，对于地广人稀、亟待垦殖的区域来说，却又是因地制宜的，所以唐代南方采用这种耕作方式的地区很广。诗人如此全方位、多层次地考察并描绘记录农耕场面，在古代的农事诗中不多见，有助于人们了解夔州当时的农业发展水平和耕作方式。

体察民情　与民同乐

刘禹锡生活俭朴，为官清廉。多年的贬谪生活，他虽无法像以前一样参与到政治决策中，却有更多机会与当地百姓特别是下层百姓接触。每到一地，他都深入百姓生活，体察民情，与民同乐，对当地百姓的关心之情常充斥于诗文中。刘禹锡在夔州时住在江边，但用水很不方便。有个工匠为他安置了一个汲水的机械装置，解决了抽水的问题。他对此很感兴趣，经常与工匠交谈了解，通过细致观察，写了《机汲记》，解析性地细述了汲水机的各种装置和汲水、运水的过程，赞美劳动人民的智慧。

夔州地处巴东，在古代巴蜀属交通闭塞的蛮荒之地，夔州尤其荒僻，以至于成为历朝官员的贬谪之地。正因地处荒凉偏远的三峡地区，古风犹存，加上自身传统文化的积淀，当地人民创作出了大量带有鲜明文化个性和乡土气息的竹枝民歌。刘禹锡作《踏歌词》记其民俗："自从雪里唱新曲，直到三春花尽时。"生活在这样的环境里，他不仅亲自观摩郡人"联歌竹枝"的盛会，还把自己融入郡人的歌舞中，兴高采烈地跟郡人学唱竹枝词。因为他与民同乐，融入百姓生活，体味百姓的喜怒哀乐，所以他的诗歌中常常体现出一种爱民情怀。在离开夔州去和州时所作的《历阳书事七十韵》中就表明了他先百姓后自己的博爱胸怀："退思常后已，下令必先庚。"

首创民歌体乐府诗　清新脱俗

夔州独特的自然环境和人文环境深深地吸引和影响了刘禹锡的创作。了解当地习俗，主动从民歌中汲取营养，用诗歌反映百姓生活，诗人获得了取之不竭的创作源泉。最能反映刘禹锡在夔州创作实绩的，是他在夔州创作的以竹枝词为代表的民歌体乐府诗，优美、空灵的意境给读者呈现出一幅幅生动的夔州民风民俗画。

夔州是绵延古今的竹枝词的故乡，竹枝词是由古代巴蜀的民歌演变而来。浓郁的乡土气息让刘禹锡沉醉其中，通过观摩、学习竹枝词的演唱技巧，刘禹锡唱竹枝词的水平甚至达到了能使"听者愁绝"的高度。长庆三年（823 年）春，好友白居易、元稹到夔州游览，三人饮酒时，刘禹锡亲自演唱竹枝词，白居易赞叹不止，在自己写的《忆梦得》诗中“几时红烛下，闻唱竹枝歌”句下自注“梦得能唱竹枝，听者愁绝”，给予了很高评价。在观摩学习过程中，刘禹锡吸收当地民歌健康朴素的思想感情和丰富多彩的表现手法，把民歌与文人诗的写作技巧融合起来，首创了民歌体乐府诗。

刘禹锡塑像

刘禹锡在夔州任职 3 年，作《竹枝词》《踏歌词》《浪淘沙词》等 28 首，其中《竹枝词》11 首。刘禹锡的民歌体乐府诗描写风景、风俗、风情，还写稼穑之艰。《竹枝词九首》其九描写当地土著从事农耕的场景：

山上层层桃李花，云间烟火是人家。
银钏金钗来负水，长刀短笠去烧畬。

在漫山开放的桃花李花和蓝天白云间的缕缕炊烟中，点缀并活动着在汲水为炊的妇女（“银钏金钗”代指），以及以刀耕火种的原始方式在田间播种的男子（“长刀短笠”代指），描绘出富有浓烈三峡地方色彩的乡间生活和田间劳作的美景。

刘禹锡在夔州所作《竹枝词》中最为著名的是《竹枝词二首》里的其一：

杨柳青青江水平，闻郎江上踏歌声。

东边日出西边雨，道是无晴却有晴。

自古以来，人们都喜欢用歌声来传情，而传情的歌声往往是似是而非、缥缈如梦的。江边杨柳青青，水面一片平静。岸上的少女忽然听到江面上的青年男子（或情郎）唱歌的声音。这歌声虽没有更明确的表示，却似乎又有些情意。这就好像晴雨不定的天气，说是晴天吧，西边还下着雨；说是雨天吧，东边有太阳，令人捉摸不定，这到底是无“情”（晴）还是有“情”（晴）呢？这首诗生动地刻画出了少女情窦初开的迷惘与欢乐、忐忑与希望以及种种“欲说还休”的微妙心理。

刘禹锡的民歌体乐府诗特别是《竹枝词》，因富有生命力又便于传唱，对后世影响很大。

在漫长的贬谪生活中，刘禹锡从被贬初期的愤愤不平、满腔怨恨转为后期的心平气和、闲适自在，将生活重心从对朝廷的关注转移到对贬谪之地的治理和对当地人民的关注上，用实际努力实践着自己的政治理想，做出了不俗的政绩。不论是主持政务还是创作诗歌，都充分体现了他心系百姓、以民为本的思想。作为政治家，他在夔州政绩斐然；作为诗人，他通过对巴渝风情的生动描绘，也给后世留下了宝贵的精神财富。

（陈　伟）

参考资料

1. ［清］恩成修、刘德铨纂，奉节县地方志办公室整理：《夔州府志》，中华书局，2011

2. ［唐］刘禹锡著，瞿蜕园校点：《刘禹锡全集》，上海古籍出版社，1999

3. ［后晋］刘昫等：《旧唐书》

4. 四川省奉节县志编纂委员会：《奉节县志（1893—1990）》，方志出版社，1995

5. 谢思炜：《白居易诗集校注》，中华书局，2006

6. 肖瑞峰：《论刘禹锡谪守夔州期间的诗歌创作》，《宁波大学学报（人文科学版）》2014年第27卷第6期

白居易

白居易（772—846）字乐天，号香山居士，又号醉吟先生，祖籍太谷，到其曾祖父时迁居下邽（今陕西渭南），生于河南新郑。白居易官至翰林学士、左赞善大夫，是唐朝伟大的现实主义诗人，唐代三大诗人之一。白居易与元稹、李绅等倡导新乐府运动，与元稹世称“元白”，与刘禹锡并称“刘白”。白居易的诗词流传至今的有近三千首，数量居唐代名诗人之首，以讽喻诗最为有名，语言通俗易懂，被称为“老妪能解”。叙事诗中，《琵琶行》《长恨歌》《卖炭翁》等极为有名。

白居易画像

白居易生于“世敦儒业”的中小官僚家庭。少时读书刻苦，贞元十六年（800 年）中进士，元和元年（806 年）罢校书郎授县尉，元和二年（807 年）回朝任职，十一月授翰林学士，次年任左拾遗。元和五年（810 年）改京兆府户曹参军，仍充翰林学士，草拟诏书，参与国政。因不畏权贵近臣，直言上书论事，并写了大量的反映社会现实的诗歌，希望以此补察时政，得罪了权贵，被贬为江州司马，后为忠州刺史，再后逐次为杭州、苏州、同州刺史。文宗大和元年（827 年），拜秘书监，第二年转刑部侍郎，大和四年（830 年），定居洛阳。后历任太子宾客、河南尹、太子少傅等职。武宗会昌二年（842 年）以刑部尚书致仕。会昌六年（846 年）八月，白居易去世于洛阳，葬于洛阳香山，享年七十四岁。

孟子主张的“穷则独善其身，达则兼济天下”是白居易终生遵循的信条。贬谪江州是白居易一生的转折点：在此之前他以“兼济”为志，希望能对国家人民做有益的贡献；自此之后他的行事渐渐转向“独善其身”，但仍然关心民生疾苦，“惟歌生民病”。做官三十多年，白居易以清廉自守，在官场上始终保持清白品行，在京为言官，他频繁上书言事，是诤臣；在地方主政，他体察民情，是亲民爱民的清官。不论为官还是写诗，都体现了他为民恤民的情怀。他在《与元九书》中说：“仆志在兼济，行在独善。奉而始终之则为道，言而发明之则为诗。谓之讽谕诗，兼济之志也；谓之闲适诗，独善之义也。”同时他提出了著名的“文章合为时而著，歌诗合为事而作”的现实主义创作原则。在白居易自己所分的讽喻、闲适、感伤、杂律四类诗中，讽喻、闲适二类诗文体现着他“奉而始终之”的兼济、独善之道，所以最受重视。

元和十三年至十五年春夏之际（818—820 年），白居易任忠州刺史，短短两年的时间，白居易在忠州劝农生产、省事宽刑、怜老爱子、开山修路、植树种花，留下了千古政绩。“徙忠州刺史，与州人士诗酒盘桓，无为而州境大治。”（民国《忠县志》）忠州呈现出政通人和、欣欣向荣的景象，白居易深受忠州人民的爱戴和拥护。

执政忠州　勤政爱民

从江西九江启程溯江而上，过三峡到达忠州，初来乍到，白居易对忠州印象独特：“一只兰船当驿路，百层石磴上州门。更无平地堪行处，虚受朱轮五马恩。”（《初到忠州赠李六》）但他很快就从被贬谪到荒蛮之地的悲戚与寥落中淡定下来，到忠州当天便写下《忠州刺史谢上表》，以表自己“誓当负刺慎身，履冰厉节，下安凋瘵，上副忧勤”的执政理念。第二天，他便召集别驾、长史等询问郡中民情，商讨治郡大计。“冉冉趋府史，蚩蚩聚州民。”（《郡中春晏，因赠诸客》）如何治理好忠州？白居易认为：“养树既如此，养民亦何殊。将欲茂枝叶，必先救根株。云何救根株，劝民均赋租。云何茂枝叶，省事宽刑书。移此为郡政，庶几甿俗苏。”（《东坡种花二首》），这就是白居易为官施政、治理忠州的指导思想。首先是劝农开荒种粮，发展蚕桑农业。他认为“农食之所以从出者，农桑也，若不本于农桑而兴利者，虽圣人不能也”。其次是均赋租，薄“农桑之税”，废除苛捐杂税，主张“摊令赋役均”，按土地和财产多少缴纳赋租，纳税人既能承受，又觉得公平合理，人民得到了实惠，从而调动了生产积极性。三是省事宽刑，出台一些尽量少扰民、困民、役民、欺民的法令和便民法令，减轻刑罚，惩治土豪恶霸，为民伸张正义，做到“宿弊必除”“止盗贼，起廉让”。

经过这些惠民政策和措施的施行，粮食大丰收。白居易亲自下乡查看收税，看到老百姓都按要求及时缴纳税粮，地方官员能顺利完成

忠县白公祠

税粮收缴而没有扰民，他心情愉悦而闲适："且喜赋敛毕，幸闻闾井安。岂伊循良化，赖此丰登年。案牍既简少，池馆亦情闲。秋雨檐果落，夕钟林鸟远。南亭日潇洒，偃卧恣疏顽。"(《征秋税毕题郡南亭》)

白居易关心民众疾苦，对穷苦百姓怀有悲悯之情。一天，白居易前往忠州城西的龙昌寺与清禅师探讨治郡之道。到龙昌寺的山路陡峭，特别是鸣玉溪入江处的向家嘴，悬崖绝壁，遇下雨下雪更是危险，常有人跌倒山崖，摔死摔伤。这天，白居易一行走到向家嘴，忽闻痛哭声，忙上前问询，只见一年轻妇女抱着一头破血流的孩子在哭泣，旁边一老者老泪纵横。原来这老者带着女儿、外孙下山进城，外孙不慎跌于崖下身亡。听说这里摔死过好几个孩子了，面对哭得死去活来的父女俩，白居易不禁热泪盈眶，拿出五两银子递给老者，劝慰他好好掩埋孩子。这事给了白居易很大的触动，第二天便派人请来清禅师、萧处士等德高望重的州民代表，商量修建龙昌寺道路以及规划建设老城交通的事。修路需要银子，白居易当场捐出唐德宗给自己修缮寓所、添置家具的千两白银，这一义举深得人心，州民以及官吏富商捐钱捐物，有钱出钱，无钱出力，白居易带着府吏亲自到工地勘测、设计、察看。几个月后，向家嘴山崖上开出了一条宽一米的石梯路，并沿鸣玉溪修建了一条城区大道。不久，白居易又捐献自己的月俸二百两银子，发动官绅、商贾、庶民集资，在忠州城东一千米处的白桥溪，开山运石，修建了一座石拱桥，后来人们把这条路叫白公路，把城东的石拱桥叫作白桥，相传至今。

还有传说，一次白居易看见一位老翁在大冬天穿着草鞋行走，便把自己的一双棉鞋送给了他。一次在忠州城内巡视时，看到一个小伙子愁容满面，询问得知因为双亲去世得早，他没来得及学会祖传的烤饼手艺，接手后生意日渐萧条。白居易便亲手将京城烤饼的技艺传授给他，做活了生意。他还曾寄胡麻饼与杨万州，“胡麻饼样学京都，面脆油香新出炉”。后来，忠州人民为了纪念白居易，便特用其晚年“香山居士”之雅号，将此饼命名为“香山蜜饼”。从此世代相传，成为忠县名小吃。

植树种花　造福州民

因主张“省事宽刑书”，为政宽缓不急，与民休养生息，所以白居易做忠州刺史比较悠闲，而他又“野性爱栽种”。政务之余，他就在城东山坡上广栽花果树木，致力于植树种花、美化环境，并命名此地为“东坡”。同时鼓励州人多种果树，一方面增加了老百姓的收入，另一方面也美化了州城环境。

白居易爱吃荔枝，看到当地经济落后，百姓常为生活所愁苦。而自唐玄宗、杨贵妃喜欢吃荔枝以来，朝廷官员、皇宫后妃以及朝廷接待外国使臣都需要大量的荔枝，忠州虽然也产荔枝，但只有十几株荔枝树，并且结果不多。经过实地考察，白居易发现这里具有种植荔枝的自然条件，于是给盛产荔枝的两广和涪州刺史修书一封，请求他们派人到忠州教种荔枝。不久，几名官吏就给忠州运来数千株荔枝苗，白居易带领全家老小及城中百姓，挖坑、种苗、培土、浇水，在东坡和州署庭院种植了一大片荔枝。“红颗珍珠诚可爱，白须太守亦何痴。十年结子知谁在，自向庭中种荔枝。”（《种荔枝》）为了发动百姓种植荔枝，白居易亲自到农户家帮忙挖坑、培土、植苗，还亲手画荔枝图，挥笔题写《荔枝图序》：“朵如葡萄，核如枇杷，壳如红缯，膜如紫绡，瓤肉莹白冰雪，浆液甘酸如醴酪……”多年以后，忠州成为著名的荔枝城。后来，白居易又发现忠州盛产的柑橘果香味浓，当地的自然条件更适合种植柑橘，于是又发动全州人民研究柑橘种植技术，一起种植柑橘。所产柑橘品质极好，柑橘种植传统延续至今，现在忠县已成为“中国柑橘城”，“忠橙”也蜚声海内外。

在忠州，白居易写了 20 多首种树栽花的诗，如《东坡种花二首》《东涧种柳》《种桃杏》《步东坡》《木莲图诗》《喜山石榴花开》等。最有代表性的是《东坡种花二首》：“持钱买花树，城东坡上栽。但购有花者，不限桃李梅。百果参杂种，千枝次第开。天时有早晚，地力无高低。红者霞艳艳，白者雪皑皑。游蜂逐不去，好鸟亦栖来。……”经过白居易两年的努力，忠州不再是“巴俗不爱花，竟春无人来”的荒蛮瘴地，州城变得花团锦簇，“梅樱与桃杏，决第城上发。红房烧簇火，素艳纷团雪”（《花下对酒二首》）。

两年后临别忠州时，白居易已对忠州心存不舍，并惭愧自己为忠州做得太少：“二年留滞在江城，草树禽鱼尽有情。何处殷勤重回首，东坡桃李种新成。花林好住莫憔悴，春至但知依旧春。楼上明年新太守，不妨还是爱花人。”（《别种东坡花树两绝》）“我去自惭遗爱少，不教君得似甘棠。”（《别桥上竹》）还京途中及回京后，他还写下多篇回忆忠州的诗作，“时时大开口，自笑忆忠州”（《发白狗峡，次黄牛峡登高寺，却望忠州》）。

勤奋创作　流芳后世

作为地方官，白居易重视当地教育，经常在政务之余去书院视察并亲自授课。作为诗人，他重视民间文学，注意向民歌学习，常与当地文人雅士探讨和习作民间诗歌。相传白居易在忠州曾设巴子台，会竹枝歌女；常在衙前宴请府史和州民，兴高采烈地欣赏“蛮鼓声坎坎，巴女舞蹲蹲”。与白居易同时代的刘禹锡在被贬夔州期间曾根据巴蜀地区的民歌创作了《竹枝词》，白居易也有竹枝之作——《竹枝四首》。在忠州的两年时间里，诗人写下了100余首作品，其中伤感40首，杂律79首，表3篇，序文1篇，碑文1篇。其诗作或讽喻朝政，或感叹身世，或咏山川风物，或记录民情民俗，歌颂巴地淳朴民风，创作题材非常广泛。

白居易在忠州创作的诗文有浓郁的地域文化色彩，成就斐然。如《竹枝四首》开创文人写作竹枝词的先河；脍炙人口的《东坡种花二首》以养树喻养民，论述了治郡之道，反映了诗人为民恤民的民本主义思想。《唐宋诗醇》记载清高宗爱新觉罗·弘历对该诗推崇备至，赞曰：“兼济之志也……劝农均赋，省事宽刑，岂独治一郡哉？虽以治天下可矣！”《木莲荔枝图》诗和序，写景抒情均臻妙境，当时即“咸传于都下，好事者喧然摹写”（《旧唐书·白居易传》）。

白居易在忠州的诗歌创作也真切地体现了他为黎民百姓而歌的特质。诗人在忠州开山修路，率先捐钱捐物，并率全家亲自参与修路。当地百姓问：“白大人欲久住此乎？”他笑答“去国固非乐，归乡未必欢。何须自生苦，舍易求其难”，并写下《代州民问》《答州民》诗二首，表达自己在忠州应多为州民干实事、干好事的情怀。诗人在忠州所写的“花草诗”也很多，后人对其艺术评价较高，《东坡种花二首》《东涧种柳》《种桃杏》《种荔枝》等诗，不仅反映了白居易在忠州种树栽花、改善环境的作为，也表达了诗人不计较个人当下成绩而决心泽被后人的情感境界。

位于洛阳市的白居易墓

“文章合为时而著，诗歌合为事而作。”白居易的诗文以平民的心态、平民的形式、通俗的语言反映社会现实和诗人自己的生活际遇。特别是他的诗歌，情真意切、质朴动人，试图通过讽喻世事，实现他救时济世的平生之志。与同时代的诗人相比，白居易创作的诗歌无论是在数量上还是在质量上，都是首屈一指的。题材丰富的诗文也让后人可以感知他的人品与诗品，全面地了解他所经历的时代，给后世留下了一笔可观的精神财富。

为官一任，造福一方。忠州人民崇敬和爱戴这位父母官，把白居易同刘晏、陆贽、李吉甫并称为“四贤”，在宋代修建了四贤阁作为纪念。明崇祯年间，忠州知州马易从倡议专门为白居易建祠祭祀，并期望“后之君子，从而恢拓之，即与巴山蜀水共长也”“州人莫不乐从”。清道光十年（1830 年），白公祠加以扩建。白公祠位于忠州镇城西，是与洛阳香山“唐少传白公墓祠”齐名的白居易祠。

（陈　伟）

参考资料

1. 忠县整理编辑出版民国《忠县志》委员会：《忠县志（民国）》，内部资料，2008

2. 忠县志编纂委员会：《忠县志》，四川辞书出版社，1994

3. [唐] 白居易著，朱金城笺校：《白居易集笺校》，上海古籍出版社，1988

4. [后晋] 刘昫等：《旧唐书》

冯时行

北碚缙云山“八角井”旁的冯时行塑像

冯时行（1100—1163年） 字当可，号缙云，人称缙云才子、缙云先生。宋代恭州（今重庆）人。官至南宋成都府提刑，一生政绩突出，疾恶如仇，清正廉洁。

状元出身 谏言遭贬

宋政和四年至宣和四年（1114—1122年），冯时行在缙云山读书，故自号缙云。宣和六年（1124年）中进士第一（状元）。建炎元年（1127年）调任奉节尉。建炎四年至绍兴四年（1130—1134年）任江原县丞，被川陕抚渝杨愿看中，荐其才华，诏赴都堂，提升为左奉议郎，调知丹棱。在丹棱任知县三年，惠农劝学，修书院，建文庙，广有政声。

绍兴八年（1138 年），冯时行奉召入朝，时值秦桧得到高宗宠信，主张和金人议和初期。冯时行主张对金人宜战不宜和，面呈《请分重兵以镇荆襄疏》。高宗闻言皱眉而起："杯羹之语，朕不忍闻。"说罢拂袖而去。

绍兴九年（1139 年），冯时行出知万州。他不畏强权，镇邪锄恶，为民除害，得到了当地老百姓的爱戴。当地流传着一个关于冯时行的故事，并记载于南宋洪迈所著的志怪小说《夷坚志》中。故事说的是冯时行在万州时，发现当地有一个供奉东汉开国元勋、舞阳侯樊哙的舞阳侯庙，据说樊哙的神祇就在其中，非常灵验，所以当地老百姓耗费资财祭祀，非常恭谨，习以为俗。冯时行是文化人，知道樊哙虽然曾随汉高祖刘邦进入过汉中，但是没多久，就返回关中所在的三秦，与项羽争夺天下，之后再也没有回到过蜀地。而万州在关中、汉中之南，与黔中相连，相去千里，樊哙绝不可能到过这里。所以冯时行断定，这个舞阳侯庙所供奉的"神祇"，必是荒妖野鬼假托舞阳侯之名，在此吸食盘剥老百姓的血汗膏财。于是他下令停止祭祀活动，并拆除了舞阳侯庙。一天，冯时行看见一个身材高大的汉子穿着盔甲，手持长戟，坐于堂前，看起来甚是威武。冯知道这人必定是之前舞阳侯庙中的鬼怪，怒斥之。此人掀髯愤怒地说道："我乃是舞阳侯樊哙，在此地食庙有一千多年了，我未负你，你为何拆我的庙堂？现在我无处可归，只有和你同处一室了！"冯时行以其所疑质问他，他依然自称是樊哙的本尊。冯时行愤然说道："就算你是真樊哙，又何足道哉！"于是批评他的平生所为，一点畏惧的神情也没有。最终，"神无以为计，奄奄而灭"。

绍兴十二年（1142 年），冯时行寓居万州山中约两年之久。绍兴十四年（1144 年）由万州回到家乡乐碛，因被罢官削职，气愤之下，他将原籍“乐碛”改为“落碛”（今洛碛得名之缘由），并重返缙云山，过着茅棚竹舍的艰苦生活，著诗作文，与笔墨相依为命。他在缙云山麓办学堂，把希望寄托于子孙后代。正如他题写的七律：“卜筑缙云山下村，缙云山色青满门。承当春色花成段，领略朋簪酒满樽。尽去机关驯虎豹，略推恺悌赦鸡豚。要知余庆须弥远，堂上森然见子孙。”

多地为官　治理有方

绍兴二十八年（1158 年）春，秦桧死后三年，冯时行被起用知蓬州（今四川蓬安）。二月到任，三月又被尚书玉珏“以复论招军事”罢去，实际到职二十天。绍兴二十九年（1159 年），由王刚中荐，复官知黎州（今四川汉源）。他发现黎州税米弊病深沉，为改变这个状况，令百姓充当“土丁”。凡是当土丁的，每石税米由十三千减为八千；不当土丁的，每石减为十千。他禁止官吏勒索土丁财物，并根据黎州少数民族较多的特点，实行市场开放，汉夷互市，夷人可自由进入市场，互换货物，不准任意责难。因他为人廉正，用法严明，黎州很快改变了面貌。

绍兴三十一年（1161 年）秋，金废帝完颜亮“败盟”，调兵六十万侵扰南宋。高宗赵构眼见金兵压境，战争不能避免，遂想起冯时行，又下诏宣他入朝。冯时行至建康（今江苏南京），身得重病，不能上临安（今浙江杭州）面觐高宗，便在建康撰写《请易田师中用张浚刘锜疏》，建议起用抗金名将张浚、刘锜，提出“宜省官吏，减州郡冗卒”，劝谏高宗“痛自木樽节，蠲损切身之奉，以养战士清心”，疏远宦官，与贤士大夫和骨鲠谋议之臣，共济艰难。后冯时行改知彭州，旋又被擢升为右朝请大夫，提点成都府路刑狱公事。

冯时行在成都府路提点刑狱，已过花甲，疾病在身，早有归隐之心，无奈被命，感慨千万，“经划边事，井井有条，后以为法”。有《除西路宪谢五府》：“伏以素学阔迂，每惭及物；壮怀衰谢，已分归田。既窃分于郡符，复就将于使指；爰念生成之赐，曷胜衔戴之情。伏念某一介单微，半生流落，志虽勤而事弗偶，誉未至而毁已随。时正逢于清明，年已薄于迟暮。退守固陋，欲自放于散闲；时激精衷，实未息于感愤。囊膺召旨，即觐明庭；初为万里之行，实幸一言之悟。适有负薪之疾，伏枕为虞；不遑择木而安，投林甚急。亟上挂冠之请，径为击壤之游。羞既去而复留，若以退而为进。素丝良马，反玷专城之恩；华节绣衣，更叨将命之宠。非据而受，何德以堪！”

绍兴三十二年（1162 年），冯时行任雅州知州。发现雅州奸弊积甚，“跬步之田，而受倍蓰之税。连阡陌者，以巧倖入轻租”。他愤愤不平，星夜书奏，革除了这种奸弊，减轻了百姓的痛苦，民众感恩不尽，声称“我有田畴，以耕以饱，皆侯之赐”。

隆兴元年（1163 年），冯时行在雅州任上逝世，享年六十三岁，死后被追为“古城侯”，被老百姓誉为“冯青天”。初葬雅州古城，后移葬巴县鱼嘴沱（今重庆江北鱼嘴）。《嘉庆重修一统志》：“冯时行墓，在巴县东铜锣峡。”在洛碛有“缙云故里”“状元井”“状元桥”等纪念建筑。

冯时行逝世后，乾道五年（1169 年），雅州民众曾斥钱七十万，为冯时行立“冯侯庙”。

南宋朝奉郎权发遣雅州军事、沿边都巡检使蹇驹撰《古城冯侯庙碑》，云：“左朝请大夫提点成都府刑狱事冯侯，讳时行，字当可，隆兴元年死其官。侯有功业于当时。死凡四年，名山进士喻大中合邦人之思，筑宫于县之古城，以俎豆侯。又三年，驹来守雅州，考侯事之终始，刻之石。先是，经界之祸，此邦实烈；方经界之令甫颁，民恐惧奔走，徇朝廷之法，不敢轻售其奸。法既行久且玩，奸民始生心，争为侥幸之橐，取前日久令纷更之，而弊始错出。跬步之田而受倍蓰之税。连阡陌者以巧倖入轻租，破业析产，瘠沟中者枕藉，几蹈汤火之酷将且十年。而侯持节而来，问民疾苦，首得此，蹙然寝食不遑。毒于民者莫烈此。即闭阁书奏报天子，乞仍其故。既画可行，民欢迎曰：‘吾今更生矣！’及侯死，民聚哭曰：‘我有屋庐，侯畀我使获弛然，安居其下；我有田畴，以耕以饱，皆侯之赐。’虽一饭必祝。大中斥七十万钱缚屋二十五楹，中为堂，塑侯像，挟以两庑，民岁时歌舞其下。水旱厉疫必以祷，侯亦能出为祸福，以恐动其民而食其土。自侯为部使者，经画边事尤缜密，此邦著之令甲，世守焉。”

明代兵部尚书兼文渊阁大学士王应熊撰《冯缙云先生传》，赞冯时行“明果敢断，足当大事……授徒讲道，安贫淡如也”。

冯时行一生不仅政绩卓异，还著有《缙云文集》43 卷，被钦定列入《四库全书》，他还著《易伦》2 卷。

照母山名　因其得名

传说重庆照母山因冯时行曾在此地结庐照顾母亲而得名。照母山原为照墓山，又称赵墓山。当年冯时行至黎州做地方官，带着母亲和

位于照母山的孝文化石刻

妻子赶去赴任，途经大竹林（今重庆渝北大竹林），见山上山下翠绿成荫，恰逢其母染病，便在山上结庐而居，计划待母亲病愈，再赶去黎州赴任。谁知其母病重，竟至卧床不起，已达三个月仍无好转，冯时行焦急万分，而母亲与妻子深知冯时行皇命在身，不能久留，义劝其赴任。冯时行百感交集，既不忍母子离别，更被妻子的深明大义感

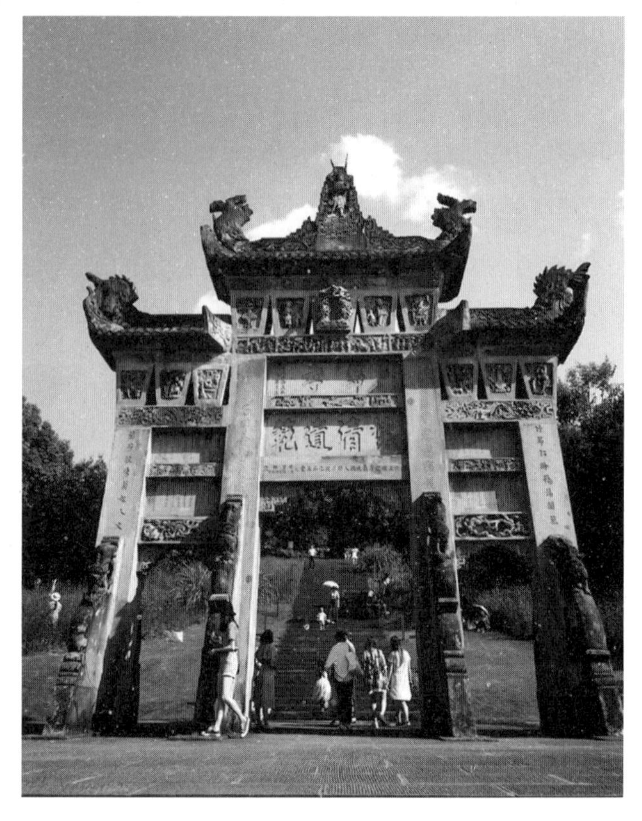

位于照母山的孝节牌坊

动，便将结庐而成的山庄取名为照母山庄。其母不久去世，其妻在山庄后院的墓地守护三年。绍兴二十九年（1159 年），宋高宗恩准状元郎回乡守孝。冯时行回家守孝三年，兼著书立说，表述他忧国忧民，不忘老母养育深恩，照母山因此而得名。重庆照母山植物园根据这一传说，在园区景观和道路设计上尽显“孝文化”，有孝源林、孝德林、孝道、照母山庄、孝母泉、孝字碑林等。

现在，在北碚区城南有一条街叫“冯时行路”，有一地名叫“状元碑”。缙云山上狮子峰下的缙云寺旁有一口至今尚存的八角古井，相传是冯时行洗毛笔的地方，后来，人们把这口井称作“洗墨池”，以为纪念。

风正巴渝　廉政故事

2014 年 11 月 6 日，中共重庆市纪委主办的“风正巴渝”上刊载了历史人物的廉政故事，其中有《不懂规矩的冯时行——“巴渝第一状元”冯时行的清廉轶事》：

绍兴九年，也就是 1139 年，冯时行出任万州知府。此时的万州，民生凋敝，破败不堪，毫无生气。一天，冯时行沿着码头行走，思量如何治理万州，突然间看见一个老妇人径直往江心走去——她要自寻短见！

冯时行立刻差人将老妇救回，搀扶她坐在岸边，询问老妇为何要自寻短见。须臾之间，老妇生死两地，睁开眼睛看着面前这位大人，虽然第一次见面，却有一种说不出的亲切感，就一把鼻涕一把泪地将自己的不幸和盘托出：原来这位老妇，本是万州江边的一位住户，几代人打鱼为生。因这两年，官府赋税越来越重，丈夫和儿子为了能多打些鱼，被迫涉险到江中更远处打鱼，好不容易有了更大收获回来时，却被恶霸孙奇虎抢了鱼，并被毒打致死。

冯时行气愤至极，强压怒火，沉沉地问道：“那您怎么不去官府申冤，却跑来沉江呢？”

“大人有所不知，这孙奇虎有转运判官李炯大人做后台，没人敢惹。”老妇越说眼泪越多。

冯时行安慰老妇：“您放心，这件事我管了。”没过多久，冯时行收集到恶霸孙奇虎几年来犯下的罪行，状纸足有一尺多厚，冯时行当众宣判：恶霸孙奇虎为患乡里，恶迹累累，立马上报朝廷，秋后问斩！百姓拍手称快，但万州转运判官李炯却怀恨在心。

冯时行看着大家久违的笑脸，高声说道：“诸位乡邻，我冯时行是来和大家一起治理万州的，这些日子，我走遍了万州的每一个县、乡，有的地方临水，那就打鱼，有的地方近山，那就养蚕，大部分县乡土地肥沃，那就种田，一句话，就是让大家安居乐业。”

百姓欢呼雀跃，感到了多年来没有过的踏实。冯时行说到做到，清闲之时下到乡野，指导农桑，甚至就在乡野开办学堂，给孩子上课，教大人识字，一扫初到万州时的死气沉沉，换来一片清明祥和的生机勃勃。

有一次夏稻收割之后，乡绅们给冯时行送来两担新米，让他尝尝新鲜，冯时行无法推托，不得不收下稻米，但坚持以市价折成钱物抵米。有人给他送鱼也是如此，甚至还挽留送鱼人一起吃饭，结果弄得这些“送礼之人”不敢再讨“无趣”，也就断了这种风气。但百姓心里都感恩冯时行，在上缴赋税之时，少有拖沓，渐渐地，官仓中余粮增多，府库中钱财增加，这就让转运判官李炯垂涎不已。

一日，李炯登门拜访冯时行，开口直奔主题：“恭喜冯大人，贺喜冯大人！”

冯时行一看是李炯，颇感意外。当初刚到万州，就斩了他的爪牙孙奇虎，事后，李炯怀恨在心，所以基本上没有往来。可今天李炯亲自上门，定有蹊跷，于是淡淡地问了一句：“李大人，不知冯某喜从何来？”

“哈哈……冯大人是揣着明白装糊涂呢？你这两年，在万州任上干得风生水起，仓库之中钱粮不少，只要我们把这些钱粮孝敬朝廷，那你我就可以扶摇直上啊。”

“孝敬朝廷？朝廷的赋税已经尽数缴清，难道还有名目？”冯时行明知故问。

“呵呵……冯大人，这朝廷赋税是缴完了，但还有些名目需要打点。说白了，就是拿到京城孝敬秦桧秦丞相。想必你也清楚，你的前任万州知府政绩平平，为什么可以顺风顺水，官升一级呢？”李炯干脆说破其中奥秘。

“哈哈……李大人，你打错算盘了，冯某绝不会拿百姓的血汗钱，来满足一己之私的！”冯时行转过身去，厉声喊道：“送客！”

李炯一看冯时行变脸了，以为是冯时行假作清高，不但不知趣，反而接着说：“冯大人果然清廉，李某佩服。但是我想告诉冯大人的是，这是历年来地方上的规矩，如果到了时间不送到京城丞相府，秦丞相是要怪罪的。”

“什么规矩？谁立的规矩？给谁立的规矩？冯某这里，只有百姓和朝廷，朝廷赋税，重不伤民，这是朝廷的规矩；为官一任，两袖清风，这是做官的规矩。现在朝廷正在危难之际，外有金兵犯境，内有天灾不断，如果再加上你们这些人，掘地三尺，榨取民脂民膏，百姓怎么活？”冯时行的话掷地有声。

“好，冯时行，你不懂规矩，就不要怪我不客气了！来呀，飞虎军何在？给我开库取钱！”气急败坏的李炯一声令下，五百飞虎军直奔官库。

冯时行一看大事不好，立刻前往官库，坐在大门口，厉声呵斥：“你们是朝廷的军队，应该保卫百姓的安宁，可你们今天却公然无视朝廷法度，强取朝廷财物，霸占百姓的血汗，简直无法无天，你们想要拿走官库中一枚铜钱，就必须从我身上踏过去！”

飞虎军看着平日里文弱的冯知府，此刻却如同下山猛虎一般，声若洪钟，气势逼人，被吓得连连后退。闻讯赶来的百姓，迅速围拢冯时行，呈扇形排开，挡住官库，直面李炯和飞虎军：“要踏冯大人，先踩我们！”

李炯一看场面越来越大，百姓越聚越多，甚至飞虎军中也有人开始倒戈，对自己不利，只能收兵，愤愤而去：“哼，冯时行，你等着！”

百姓看着李炯等人离开，忙搀扶起已经筋疲力尽的冯时行。

此后不久，李炯为了自保，怕秦桧怪罪，连夜写信密告秦桧，说冯时行不但不识时务，反而沽名钓誉，煽动百姓闹事。秦桧接到密信，趁着残害岳飞等抗金名将之际，随便找了个“莫须有”的罪名将冯时行削职为民，发回原籍。

缙云山上的“八角井”

冯时行被迫离开万州，准备登船回乡。可谁知万州百姓早已在码头恭候多时，默默垂泪，但没有一个人手里拿着东西。冯时行又惊又喜又悲：惊的是能有这般场景为自己一介布衣送行；喜的是百姓才是真懂得自己的人，不枉自己清廉一任；悲的是自己一去，那官库中的百姓心血就会付诸东流。面对此情此景，他千言万语却无从说起，只哽咽说道：“诸位乡邻，冯某告辞了！”说完，头也不回，离岸登船，听不见江水滔滔，满耳尽闻百姓呼喊声；看不见群山巍巍，满眼尽是辛酸离别泪。

船渐行渐远，慢慢消失在浩浩长江中，但冯时行的清廉却传递了千年，感动了千年……

诗词俱佳　作品选摘

缙云寺

借问禅林景若何，半天楼殿冠嵯峨。

莫言暑气此中少，自是清风高处多。
岌岌九峰晴有雾，弥弥一水远无波。
我来游览便归去，不必吟成证道歌。

布被

天地一指耳，笑付杯中春。
蒙头布衾在，得失更勿论。
前时曳竹杖，步过桑麻村。
买费一千钱，十年度寒温。
恭俭德之基，福谦有鬼神。
未能行于人，敢不施诸身。

村居

飞蛾故故扑灯光，风雨萧萧打纸窗。
人为官方搔白首，虎来村落渡清江。
猿啼冷日谁家梦，故国愁牵几曲肠。
篱菊何曾忧战伐，夜添寒蕊趁重阳。

冬至有感

萧辰俯仰及严冬，白发空云是至公。
造雪不成天本恕，唤梅未醒句无功。
可能人事无消长，只待天时有变通。
节物相关愁似醉，一庭霜叶一窗风。

客丹棱天庆观夜坐

家山千里秋风客，搔首夜深寒雨窗。
万古兴亡心一寸，孤灯明灭影成双。
鬓边日月如飞鸟，眼底尘埃拟涨江。
高枕欲眠眠不稳，晓钟迢递发清撞。

谢冯贯道惠小舟

先生怜我欲归休，为我添钱买小舟。
老去尚余州县业，见来便起江湖秋。
有名如合称聱叟，无梦焉能卖直钩。
他日相随鸥鸟外，短篷烟雨醉僧头。

有感

俯首趋时独自嫌，年来壮胆尚相淹。
神锋不及锥头利，花蜜翻亏蔗尾甜。
万里水云闲有约，一床坟籍静无厌。
明珠自得非他得，懒更骊腮著手拈。

过铁山驿

来时趁作世情游，归去凄凉遣客愁。
万事世间多反复，一生此地几春秋。
天寒树老叶全脱，水落岸高溪不流。
行路崎岖纵难料，江湖付与一孤舟。

感事咏菊

寒花冷艳为谁发，霜露泠泠只汝侵。
弱质向人如有托，清香绝世本无心。
会逢仙老收灵药，不用骚人费苦吟。
千载岂无陶靖节，东篱萧索待知音。

见张魏公二首（其二）

四海于今望治安，当头退避也应难。
是非历历开新听，变化纷纷入静观。
孰把后图歌寤枕，再将前事倚危栏。
重拈今古看奇特，幸记尘冠久不弹。

二月将半，雨过花盛开二首（其二）

最怜半见或不见，更惜欲开犹未开。

树远只疑随水去，枝低还似傍人来。

不堪小蕊樽前落，可忍残红砌下堆。

著尽工夫春自去，不须风雨恶相催。

和杨良卿韵新自兴元归见贻二首（其二）

人间平地有危机，归去应先未辱时。

少著青衫元自懒，老簪华发更何疑。

向曾汨没痕犹在，尚此廉纤愧自知。

惟有冥鸿心一寸，从今瘖寐考盘诗。

咏梅

策骨寒瘦枯梅枝，梅花开时徵我诗。

我诗悲瘁作无意，借梅代我陈其词。

梅云最先得春意，桃花乱搀作佛事。

千年冷落空自知，今日相看合何似。

迦叶眼睛谁不有，先觉我当为上首。

普令世界识春光，南枝待入瞿昙手。

蓦山溪·村中闲作

艰难时世。万事休夸会。官宦误人多，道是也、终须不是。功名事业，已是负初心，人老也，发白也，随分谋生计。

如今晓得，更莫争闲气。高下与人和，且觅个、置锥之地。江村僻处，作个老渔樵一壶酒，一声歌，一觉醺醺睡。

闲居十七年，或除蓬州。二月到官，三月罢归。同官置酒，为赋《点绛唇》作别

十日春风，吹开一岁间桃李。南柯惊起。归踏春风尾。

世事无凭，偶尔成忧喜。歌声里，落花流水。明日人千里。

点绛唇（二首）

江上新晴，闲撑小艇寻梅去。自知梅处。香满鱼家路。

路尽疏篱，一树开如许。留人住。留人不住。黯淡黄昏雨。

眉黛低颦，一声春满流苏帐。却从檀响，渐到梅花上。

归卧孤舟，梅影舟前飏。劳心想。岸横千嶂，霜月铺寒浪。

梦兰堂·送史谊伯倅潼川

小雨清尘淡烟晚。官柳殢花待暖。君愁入伤阙眼。芳草绿、断云归雁。

酒重斟，须再劝。今夕近、明朝乍远。到时暗花飞乱。千里断肠春不管。

玉楼春

杏花微露春犹浅。春浅愁浓愁送远。山掩馀翠断行踪，细雨疏烟迷望眼。

暮云浓处轻吹散。往事时时心上见。不禁慵瘦倚东风，燕子双双花片片。

虞美人·咏荼蘼（二首）

东君已了韶华媚。未快芳菲意。临居倾倒向荼蘼。十万宝珠璎珞、带风垂。

合欢翠玉新呈瑞。十日傍边醉。今年花好为谁开。欲寄一枝无处、觅阳台。

芳菲不是浑无据，只是春收取。都将酝造晚风光。百尺瑶台吹下、半天香。

多愁多病疏慵意，也被香扶起。微吟小酌送花飞。更拼小屏幽梦、到开时。

虞美人·重阳词

去年同醉黄花下。采采香盈把。今年仍复对黄花。醉里不羞斑鬓、落乌纱。

劝君莫似阳关柳。飞伴离亭酒。愿君只似月常圆。还使人人一月、一回看。

醉落魄

点酥点蜡。凭君尽做风流骨。汉家旧样宫妆额。流落人间，真个没人识。

佳人误拨龙香觅。一枝初向烟林得。被花惹起愁难说。恰恨西窗，酒醒乌啼月。

渔家傲·冬至

云覆衡茅霜雪后。风吹江面青罗皱。镜里功名愁里瘦。闲袖手，去年长至今年又。

梅逼玉肌春欲透。小槽新压冰澌溜。好把升沉分付酒。光阴骤，须臾又绿章台柳。

和贺方回《青玉案》寄果山诸公

年时江上垂杨路。信拄杖、穿云去。碧涧步虚声里度。疏林小寺，远山孤渚，独倚阑干处。

别来无几春还暮。空记当时锦囊句。南北东西知几许。相思难寄，野航蓑笠，独钓巴江雨。

天仙子·荼醾已凋落赋

风幸多情开得好。忍却吹教零落了。弄花衣上有余香，春已老，枝头少。况又酒醒鶗鴂晓。

一片初飞情已悄。可更如今纷不扫。年随流水去无踪，恨不了，愁不了。楼外远山眉样小。

（殷　智）

参考资料

1. ［元］脱脱、阿鲁图等：《宋史》

2. ［南宋］洪迈：《夷坚志》

3. 重庆市地方志办公室编纂委员会：《重庆名人辞典》，四川大学出版社，1992

4.《不懂规矩的冯时行——“巴渝第一状元”冯时行的清廉轶事》，风正巴渝，2014 年 11 月 6 日

5. 重庆市渝北区地方志编纂委员会：《江北县志》，重庆出版社，1996

6. 四川省璧山县志编纂委员会：《璧山县志》，四川人民出版社，1996

7. 重庆市北碚区地方志编纂委员会：《重庆市北碚区志》，重庆出版社，1997

彭大雅

彭大雅（？—1245） 字子文，南宋鄱阳（今江西鄱阳）人。嘉定进士，官朝请郎。绍定五年（1232 年），蒙古遣使来议夹攻金朝之事，南宋遣使报谢，彭大雅为书状官随行，将使蒙的亲身见闻写成《黑鞑事略》一书，成为研究蒙古历史的珍贵资料。彭大雅曾修筑重庆城防，遏制了蒙军的灭宋进程。然而就在彭大雅筑城竣工，与敌鏖战之时，却被屡进谗言，昏庸的宋理宗将他革职查办，不久被贬为庶人，发配赣州，后于忧愤中死去。彭大雅敢作敢为，忠于国家，他承受着战争和舆论的巨大压力而建立的以重庆城、钓鱼城互为犄角的山城防御体系，成为后世宋朝抗蒙的基础。

勤奋好学　知恩图报

彭大雅出身于鄱阳县当地的盛族，其祖父彭汝执是宋朝状元、直谏名臣彭汝砺的从弟，祖上可追溯到唐代著名哲学家、易学家和道学家彭构云。到了彭大雅这一代，家族逐渐衰败。彭大雅年少时学习勤奋，虽然家境并不宽裕，常常受冻挨饿，但仍然努力读书，日夜不辍。当地一名富人，非常喜欢这个聪明好学的年轻人，资助他学习，给予他物质上的充分保障。在这名富人的帮助下，彭大雅免去了后顾之忧，因而学业有成。嘉定六年（1213 年），资助彭大雅的这名富人，被卷进了一起杀人案中。彭大雅知恩图报，感念这名富人对自己提供的帮助，于是“奋然以身当之”，到官府自首，说：“（杀人）这件事是我干的，我愿意下狱接受审判。”这名富人因此躲过了牢狱之灾。

彭大雅这起案件由饶州太守史定之负责审理，史定之是爱才之人，欣赏彭大雅的气度和才学。嘉定七年（1214 年），正逢科考取仕，史定之释放了彭大雅，让他参加考试，结果名列进士科第三名。朝廷授其为朝请郎。史定之将彭大雅视为知己，对彭大雅有释狱、提拔之恩，因此又向自己的族弟、时任京湖制置使和襄阳知府的史嵩之推荐彭大雅当他的幕僚。

出使塞外　搜查敌情

绍定五年（1232 年）十二月，蒙古派遣使者王楫到史嵩之处，商议蒙、宋两国夹攻金国之事，许诺灭掉金国后，将金国占领的河南之地归还宋朝。史嵩之将此事上奏宋廷，宋廷想与蒙古协商，命史嵩之选人前往蒙古商议。史嵩之于是派遣制置司参议官邹申之前往，同时派彭大雅以书状官的身份随行。他们于绍定六年（1233 年）六月从襄阳启程出发，端平元年（1234 年）二月抵达蒙古，在草地行帐见到了蒙古大汗。这时，金国已被蒙古灭国，彭大雅一行返回，同年六月抵达北宋旧都汴京（今河南开封）。在这里，他们受到了蒙古守城者的殷勤款待。七月，返回襄阳。

彭大雅在出使蒙古的途中，对于蒙古的情况十分留意，多方探寻，并一一记下，所获颇丰。回到襄阳后，遂将途中所记编写成文。端平三年（1236 年），彭大雅在鄂渚（大致位于今湖北省武汉市武昌区附近）与徐霆（字长孺）相遇。因徐霆刚从蒙古回来，两人谈及在蒙古的见闻，各自将自己所写的资料拿出来相互参阅，发现所记载内容大体相同，于是商议将二人的资料编辑成书。嘉熙元年（1237 年），书成，因宋称蒙古为“黑鞑国”，故取书名为《黑鞑事略》。该书以彭大雅所编资料为定本，其间有谬误和缺失之处，则由徐霆在其下方作疏。《黑鞑事略》的内容极为丰富，包括蒙古名字的由来、蒙古国的主要人物、地理、气候、物产、饮食、服饰、放牧和围猎的方式、语言文字、历法、筮占、官制和习惯法、风俗习惯、差发赋税、贸易贾贩等，其中尤其详细记述了蒙古的军情，如军队、武器、作战方法、行军阵势，以及所属各投降、被征服国家的名称等情况，可见当时彭大雅已经认识到蒙古将是未来宋朝最大的军事威胁。这些资料，为日后开府重庆，筹建山城防御体系提供了极为重要的情报。《黑鞑事略》一书在今天依然有极高的价值，是研究 13 世纪前半期蒙古史的珍贵资料。王国维评价此书“叙述简该，足征觇国之识。长孺所补，亦颇得事实。蒙古开创时史料最少，此书所贡献，当不在《秘史》《亲征录》之下也”。

端平三年（1236 年），史嵩之补彭大雅为从事郎，并向朝廷推荐彭大雅。此事获得知枢密院事李鸣复的支持。当时宋廷中党争激烈，监察御史杜范诬告彭大雅向李鸣复和史嵩之行贿，并相互勾结企图谋取相位，最终举荐彭大雅之事未成。

英勇抗蒙　三筑重庆城

嘉熙元年，蒙古军队集结，准备进攻夔州，蜀中告急。宋廷急命彭大雅为四川制置副史，兼知重庆府，驰援四川。彭大雅临危受命，前往四川备战。入蜀时，蒙古都元帅塔海所属郝和尚拔都及梁秉均部，从凤州（今陕西凤县凤州）出兵金州（今陕西安康），经大巴山小道进抵达州和开州，逼近瞿塘。彭大雅即选择将重庆城作为抗击蒙军的据点。此前，蒙古军队曾于端平三年率领五十万大军进攻四川，宋军惨败，成都失陷，全蜀残破。彭大雅充分汲取了历史的教训和战争的经验，他将重庆作为抗击蒙古的据点，是经过详细调查和周密考虑的。成都位于四川盆地西部，尽管西有横断山脉，东有龙泉山，但南北是纵向的成都平原，无险可守，进攻成都的军队，一旦突破秦岭和大巴山脉，进入平原地区，即可通行无阻，直抵城下。而重庆地处长江、嘉陵江合流之地，沿嘉陵江及支流涪江、渠江而上，可达四川盆地战略要地顺庆（今四川南充）、阆州（今四川阆中）、巴州（今四川巴中）、达州、遂宁、绵州（今四川绵阳）等地，沿长江而上，可达泸州、叙州（今四川叙永）、长宁（今四川宜宾长宁）、富顺、成都等地，顺长江而下，可达四川东部的门户夔州。沿水路入川，必取重庆，战略地位十分重要。而重庆城三面环水，依山建城，地势十分险要，易守难攻，实为历代兵家必争之地。因此，以重庆为军事据点，既可防御自嘉陵江、长江而来的蒙古军队，又可阻挡其顺长江水路而下攻击夔州及长江三峡。彭大雅到重庆视察后，即开始谋划修整重庆城池，建设工事，以图长久之计。在选择在何处筑城时，他和四川制置使陈隆之意见不一致，朝野上下也多有议论。但彭大雅坚持自己的看法，把重庆作为宋军在四川立足的根本。经孟珙调解后，朝廷同意陈、彭分别在成都和重庆修筑城防。后来发生的事实证明了彭大雅的远见卓识，经过修葺的重庆城，抗击了蒙古军队达四十年之久，苦苦支撑着风雨飘摇、摇摇欲坠的南宋政权。

同时，彭大雅派遣大尉都统甘闰守合州（今重庆合川），为重庆抗蒙之前哨。合州是嘉陵江及其支流涪江、渠江三江汇流之地，南北流向的嘉陵江流经此处，先与渠江汇合，遇见钓鱼山的阻挡，转而往西，再与涪江合流，绕过此山后又往北回流，再次撞上钓鱼山，然后才掉头往南流去，使钓鱼山成为一座三面环江之山。甘闰在合州见钓鱼山高大险峻，其西北可制渠江，其北可制嘉陵江，其东可制涪江，位置绝佳，于是在此山修筑了钓鱼城，与重庆互为犄角，基本建立了重庆地区的防御体系。

彭大雅还调播州土司杨价率兵三千驻守长江南岸，大造声势，遏阻蒙军。

嘉熙元年冬，蒙军进抵夔州，夔州安抚使卢普临阵脱逃，统制杨福兴阵亡，蒙军前锋远达巫山。蒙军因其水军船只较少，力量不强，宋军又在江岸严阵以待，感到难以为继，又怕彭大雅率军沿江而下，攻其身后，于是撤兵而还。嘉熙三年（1239 年）秋，蒙古都元帅塔海及秃薛率军进攻川东，命按竺迩部沿嘉陵江南下攻打重庆城。彭大雅据城血战，力保城池不失，又于重庆南岸涂山石洞峡击破渡江蒙军。

在与蒙军战斗的同时，重庆城也在争分夺秒的抢筑之中，最终于 1240 年初建成，这是重庆历史上第三次大规模筑城。彭大雅把重庆城扩展到嘉陵江沿岸，而嘉陵江沿岸的很多地方都是悬崖峭壁，借助地势修筑，“以崖为墙，固若金汤”，大大降低了筑城所需的人力、物力，增强了城市的防卫能力。彭大雅又将大梁子（今新华路）北侧大片地势较为平顺的地方纳入城内来，大大提高了元军进攻的难度。2015 年，在朝天门和西水门的嘉陵江边，发掘出土了彭大雅所筑城墙的遗迹，证实了他所筑为石城。该段发掘的城墙宽近十米，采用内部夯土夯筑、外部包裹巨石的方式砌筑而成，城墙外立面包裹的巨石上，细密的錾痕仍然清晰可见，虽然是战乱时候所筑，但并不是仓促之作，城墙上砌筑的每一块条石都是规整有序地排列而成。

重庆当地有不少地方官吏在蒙古兵临城下、民生涂炭之时，不识民族危亡之大体，对筑城持反对意见，以人力、物力不足为说辞，企图阻挠修城，彭大雅的幕僚中也有人劝说他不要修城。彭大雅愤然说道：“都到这个时候了，你们早就不把钱当作钱看，不把人当作人看，现在我筑城护国，反而变成大兴土木之罪了？”他始终以国家大局为重，不为所动，坚持筑城。在彭大雅的有力组织下，这座饱受战争洗礼的新城仅用了两个月就完成了。彭大雅立四个大石于城门之上，上刻“大宋嘉熙庚子制臣彭大雅城渝为蜀根本”。

蒙冤去职　痛失砥柱

嘉熙三年十二月，蒙军攻破施州，转攻三峡，被京湖安抚制置副使孟珙击败。宋军乘胜收复夔州。塔海知道襄阳已有防备，不敢东进，又怕彭大雅自重庆东出截击其侧后翼，于是命按竺迩从万州顺江而下，在夔门击败宋军水师，又命汪世显回攻重庆，牵制彭大雅军队，随后于嘉熙四年（1240 年）三月引兵撤退。

其后，朝廷因夔州之胜，表彰参战将士战功，升孟珙为四川宣抚使兼知夔州。而彭大雅却遭受了不公正待遇，他镇守重庆，两度受围而力保城门不失，为牵制蒙军东进做出了巨大贡献，朝廷对此却充耳不闻。他反而因朝中党争之祸受到牵连，遭到大臣的毁谤和诬陷，于嘉熙四年三月被“削三秩”。淳祐元年（1241 年），彭大雅致仕去职，回家乡鄱阳居住，不料再次被弹劾，流放赣州。淳祐五年（1245 年），被按罪刺面，不久含冤去世。

铄懿渊积　泽被后世

彭大雅是文人，他所著《黑鞑事略》，不仅为后来南宋军队抗击蒙古军队提供了可靠的情报，也为当代研究蒙古提供了珍贵的史料。他也是一位军事家，指挥宋军英勇抗击纵横欧亚大陆的蒙古铁骑，面对重庆城池两度被围，他头脑冷静，指挥沉着，成功击退敌军，保有了重庆这个立蜀之根本，为后世抗蒙提供了成功的蓝本。他有胆识有魄力，敢作敢为，勇于担责，顶着朝野舆论的巨大压力，以其远见卓识和战略眼光，抢筑了重庆城及钓鱼城，并以重庆城、钓鱼城互为犄角，建立了重庆抗蒙防御体系的基础，为其后余玠、王坚等名将坚守抗击蒙军的壮举夯实了坚实的军事基础。历史是公正的，尽管遭遇了不白之冤，但彭大雅的历史功绩最终被人民所铭记。淳祐十二年（1252年），南宋朝廷为彭大雅平反："诏追录彭大雅创城渝州之功，复承议郎。"南宋末，胡三省在其所著《通鉴注》中称赞说："我朝自绍定（宋理宗）失蜀，彭大雅遂建渝为制府，支持西蜀且四十年。"明人王逢歌之："彭公彭公古烈士，重庆孤城亦劳止，无忘西顾二十年，亩尽东南数千里。"

宋代重庆城东窑、西窑砖。"淳祐乙巳东窑城砖"（1245年），"淳祐乙巳西窑城砖"，重庆老鼓楼（重庆太平门至望龙门之间）出土，是当年彭大雅加强重庆城防，筑重庆城的历史见证。

（司逸澈）

参考资料

1. 徐南洲：《彭大雅传略》，载钓鱼城博物馆筹备处编《钓鱼城与南宋后期历史——中国钓鱼城暨南宋后期历史国际学术讨论会文集》，重庆出版社，1991

2. 董其祥：《彭大雅事迹考辨》，载钓鱼城博物馆筹备处编《钓鱼城与南宋后期历史——中国钓鱼城暨南宋后期历史国际学术讨论会文

集》，重庆出版社，1991

3. 张政烺：《宋故四川安抚制置副使知重庆府彭忠烈事辑》，《国学季刊》1950 年第 6 卷第 4 号

4. ［南宋］彭大雅：《黑鞑事略》

5. ［元］脱脱、阿鲁图等：《宋史》

6. ［清］谢旻：《江西通志》

7. ［清］毕沅：《续资治通鉴》

余　玠

余玠（1199—1253）　字义夫，号樵隐，蕲州（今湖北蕲春东北）人，曾任四川安抚制置使兼重庆知府。南宋名将，民族英雄，南宋抗蒙山城防御体系的缔造者。

投笔从戎　抗击蒙古军

余玠幼时家贫，曾在白鹿洞书院（今江西九江庐山五老峰下）和太学上舍读书。当时蒙古兵入侵，南宋半壁江山岌岌可危，余玠耳濡目染，极感痛心，报国之志常常溢于言表，青年即到淮东，用毛遂自荐的方法，向当时的淮东制置使赵葵表达了自己志向。赵葵是一个胸怀远大、屡建奇功而又求贤若渴的名将，深为余玠所表达的慷慨激昂的热情所感动，立即吸纳了余玠这位穷苦的读书人，留在幕府中，让其管理军垦、后勤和修城挖战壕等工作。因为成绩突出，余玠不久就被提升为进义副尉，后又升为将作监主簿。

端平元年（1234 年），宋、蒙联合灭金后，南宋出兵欲收复河南失地，遭蒙军伏击而失败。端平二年（1235 年），蒙军在西起川陕、东至淮河下游的数千里战线上同时对南宋发动进攻，宋蒙战争全面爆发。

端平三年（1236 年）二月，蒙军侵入蕲、黄、广等地。余玠应蕲州守臣征召，协助组织军民守城，配合南宋援兵击退蒙古军。

嘉熙元年（1237 年）十月，余玠在赵葵领导下率部应援安丰军（今安徽寿县）守将杜杲，击溃蒙古军，使淮右得以保全。次年，朝廷论功行赏，余玠进官三秩，被任命为知招信军兼淮东制置司参议官，进工部郎官。

嘉熙二年（1238 年）九月，蒙古大帅察罕进攻滁州，余玠率精兵应援，大获全胜。嘉熙三年（1239 年），余玠率军远袭开封（今河南开封）、河阴（今河南郑州西北）一带的蒙古军，全师而还。嘉熙四年（1240 年）九月，余玠被提升为淮东提点刑狱兼知淮安州，主持濠州以东、淮河南北一带防务。淳祐元年（1241 年）秋，察罕再出兵安丰军，余玠率舟师进击，激战四十余日，使蒙古军溃退，凭军功拜大理少卿，升淮东制置副使。

主政四川　构筑山城防御体系

淳祐元年，蒙军铁骑蹂躏南宋大片土地，而四川则是三大战场（另外两个为京湖战场即今湖北和河南一带，两淮战场即今淮河流域一带）中遭蒙军破坏最为严重的一个地区。这年底，

余玠构筑的“防蒙八柱”示意图

蒙古大汗窝阔台死去，内部纷争汗位，无暇全面部署对南宋的大规模的战争，南宋得以暂时休整和调整防御部署。宋理宗赵昀命在淮东屡立战功的余玠为兵部侍郎、四川制置使兼知重庆府，全面负责四川防务。

此时蒙古军队一再侵蜀，成都、泸州、遂宁等重镇一再被攻破，仅重庆一带未陷敌手，朝野震动。余玠受命于危亡之时，仍满怀信心地表示："愿假十年，手挈四蜀之地，还之朝廷。"

余玠在重庆设制置司，整顿吏治，发展经济，很快收到实效。他除了全力加强四川防务，还设招贤馆广纳有识之士。播州（今贵州遵义）冉琎、冉璞兄弟俩有文武才干，隐居西南少数民族地区，官府多次召请，均拒绝出山。及至余玠入川，冉氏兄弟闻余贤能，才相邀商量出山事宜，于是从播州来到了重庆。淳祐三年（1243 年），冉氏兄弟前往重庆，受到余玠的热情接待。他们向余玠出谋指出："保卫西蜀之计，在于迁合州城到钓鱼山上。蜀最为险要之地，莫如钓鱼山，若迁移诸郡治所来这里，囤积粮草死守，远胜于十万军队的作用，这样巴蜀就不难守住了。"

钓鱼城因钓鱼山而得名，最早见于南宋绍熙二年（1191 年）的一通碑记（见《蜀中名胜记》）。钓鱼山突兀耸立，相对高度约 300 米，形势险绝，四周峭壁悬崖，三面据江，是易守难攻之地。明代《钓鱼城记》："山在州治之东北，渡江十里至其下。其山高千仞，峰峦岌岌，耸然可观。其东南北三面据江，皆峭壁悬崖，陡然阻绝。……此山三面据岩，渠、嘉陵二江自西北而来……皆浩浩荡荡环绕山足而东下。"南宋地理总志《方舆胜览》卷四十六《合州》谓："钓鱼山，山南大石砥平，有巨人迹，相传异坐其上投钓江中，山以是名。"明万历《合州志》卷八记载："钓鱼城三面据江，往古水患之际，势必环抱此山，则钓鱼之名，必自始矣呼。"这里有山水之险，也有交通之便，经水路及陆上道，可通达四川各地。正因为钓鱼山具有如此重要的战略地位，所以在宋蒙之战爆发以后，蒙军不断入蜀，南宋四川置制使和地方官吏先后在钓鱼山筑城。嘉熙四年，四川制置副使彭大雅派甘闰在钓鱼山筑城。

淳祐三年，冉氏兄弟向余玠建议："蜀口形胜之地莫若钓鱼山，请徙诸此，若任得其人，积粟以守之，贤于十万师远矣，巴蜀不足守也。"余玠欣然接受献计，决定在钓鱼山继续筑城，以此作为保卫重庆的屏障，遂奏于朝廷，为他俩请官，任二人为承事郎、承务郎，负责合州事宜及通判州事，全权负起迁城的重任，并且移合州治及兴元都统司于钓鱼城内。钓鱼城分内、外城，外城筑在悬崖峭壁之上，城墙系条石垒成。城内有大片田地和四季不绝的丰富水源，周围山麓也有许多可耕田地。这一切使钓鱼城具备了长期坚守的必要地理条件以及依恃天险、易守难攻的特点。四川多地的民众为避兵乱到钓鱼城，进而使钓鱼城成为兵精粮足的坚固堡垒。钓鱼城的修筑，奠定了以弹丸之地抗击蒙军三十六年的大业。

钓鱼城远眺

此外，余玠还沿长江、嘉陵江、涪江、渠江、沱江等江岸筑二十余城，主要堡垒有：顺庆府（今四川南充）北的青居堡，苍溪城东南的大获城，剑门关西小剑山顶的苦竹城，四川乐山的嘉定城，四川广安的大良城，四川巴中的小宁城，四川通江的得汉城，泸州东神臂山要塞，长江沿线的重庆奉节白帝城、重庆万州天生城，重庆渝北翠云的多功城，成都东北金堂县境云顶堡，等等。迁州县治所和百姓于其中，聚兵屯粮，在长江、嘉陵江及其支流，以及交通要道上，选择险峻的山隘筑城结寨，星罗棋布，互为声援，构成一套以重庆为指挥调度中心，以钓鱼城和嘉定城等为防御重点的战略防御体系，稳定了四川的局势。在四川（包括今天的重庆），抗蒙共有八个主战场，金堂云顶城、蓬安运山城、苍溪大获城、通江得汉城、奉节白帝城、合川钓鱼城、剑阁苦竹城、青居淳佑城，号称“防蒙八柱”。军事要塞建好后，余玠紧缩战线，将原来驻守在秦岭南坡、汉中盆地边缘用以保卫四川的边防军收缩到合州—重庆—泸州—嘉定弧形防线的外圈，以青居堡和大获城作为前哨，监视已陷落在蒙古军手中的利州、兴元府（今陕西汉中）和秦陇山区，做出随时出击的姿态；以金堂的云顶山作为桥头堡，云顶山下不远，就是涪江上著名的箭滩（或称江箭滩）渡口，以此渡口阻挡蒙古铁骑对成都的进攻。

余玠还非常注意恢复和发展四川经济，派军队到成都平原屯田；实行轻徭薄赋、通商宽民的政策，使巴蜀经济逐步做到自给自足，不再依靠江淮一带提供粮饷，减轻了国家的负担。余玠在治理四川的八年里，在与蒙古军对峙下居然能实现四川的大治，“敌不敢近边，岁则大稔”。四川居然还能向南宋朝廷输送大量赋税，减轻了东线和中线的财政负担和军事压力。

钓鱼城镇西门

余玠在建设山城防御体系的同时，大力抗击蒙军的侵扰。淳祐六年（1246 年）春，宋军取得粉碎蒙古军兵分四路入蜀的大捷。淳祐七年（1247年），在泸定痛击企图绕道云南、夹击四川的蒙古军，并生擒蒙将秃灪。淳祐十年（1250年），率军与蒙军战于兴元、文州（今甘肃文县）一带，击败蒙军元帅王进，烧毁栈道，切断兴元与大散关外的联系。淳祐十二年（1252年），蒙军经成都攻至嘉定，他亲率四川宋军主力驰援，击退蒙古军。余玠受任于南宋危难之际，竭力经营巴蜀，为支撑南宋王朝半壁河山做出了杰出贡献。

钓鱼城镇东门

遭人陷害　愤懑而死

余玠虽然抗击蒙军获胜，但宰相谢方叔却设法迫害余玠。《宋史·余玠传》："戎帅欲举统制姚世安为代，玠素欲革军中举代之敝，以三千骑至云顶山下，遣都统金某往代世安，世安闭关不纳，且有危言，然常疑玠图己。属丞相谢方叔家子侄自永康避地云顶，世安厚结之，求方叔为援。方叔因倡言玠失利戎之心，非我调停，且旦夕有变，又阴嗾世安密求玠之短，陈于帝前。于是世安与玠抗，玠郁郁不乐。宝祐元年，闻有召命，愈不自安，一夕暴下卒，或谓仰药死。"余玠与统制姚世安不和，姚世安则以谢方叔为援。宝祐元年（1253年），谢方叔和参知政事徐清叟等向宋理宗诬告余玠独掌大权，不知事君之礼。宋理宗听信谗言，召其还朝。余玠知有变故，愤懑成疾。同年七月，余玠在四川暴卒，享年五十四岁。有传闻称他是服毒自尽。

余玠死后，宋理宗为之辍朝，特赠五官。宝祐二年（1254 年）六月，侍御史吴燧等奏陈余玠“聚敛罔利”的七罪，宋理宗下诏查抄余玠家财。之后又称他镇抚四川无方，劳军困民，命其家运钱“犒师振民”。十月，再经监察御史陈大方诬告，宋理宗遂削去余玠资政殿学士之职，并迫害其家属和亲信。宝祐六年（1258 年）十一月，宋理宗下诏追复余玠官职。

文韬武略　诗词俱佳

余玠既是南宋晚期的优秀战略家，也是一名杰出的诗人。《宋史》载余玠“少为白鹿洞诸生”，投赵葵帐下，“玠作长短句上谒，蔡壮之，留幕中”。淳祐二年（1242 年），余玠任四川制置使，上书理宗皇帝，言当“视文武之士为一，勿有所偏重，偏必至于激，文武交激，非国之福”。余玠重文，自己亦工诗能文，可惜他所留下来的著作不多，大部皆已亡佚。据重庆市志办、合川县志办搜集，仅有楹联二副、诗二首、词一首。他的作品，上承三唐，博采众长，以沉郁之笔，抒身世之感。

余玠所留著作，是他任四川制置使兼知重庆府到被罢官“赴阙”期间之作。他经历了宋廷错聩，权奸横行，军事孱弱，而终至国家危亡的过程。面对这一切，即使在被贬离蜀中，他仍在放歌，或高昂，或低沉，或悲愤，始终表现出他报国的追求，倾注着他对广大劳动人民的无限深情。

余玠知重庆府，在渝州行署大门自题楹联：“一柱擎天头势重；十年踏地脚跟牢”，横楣“靠实功夫”。联语表述他肩负重任，要脚踏实地，以“十年功夫”，“手挈全蜀还本朝”，气魄豪迈，治国安邦的雄心壮志跃然纸上。

余玠在重庆设馆招贤，接待来访，因公务繁忙，有时需来访者稍候，他又在招贤馆门上自书楹联："老子亦常来侍候；诸公卿复忍斯须。"语气亲切。他礼贤下士，"士之至者，不厌礼接，咸得欢心"。隐居播州的冉氏兄弟筑城于钓鱼山的建议，就是在他的感召下提出的。

两副楹联，上联中的"一柱擎天头势重"，同辛弃疾《贺新郎·同父见和再用韵答之》的"看试手，补天裂"，豪言壮语，浩气雄风，何等相似。而壮志豪情之外，更有一种关注社会问题的感情，一种为国家民族而礼贤下士的情怀，是整个中国封建时代后期所不多见的。

余玠的诗，深受唐诗的影响。余玠知重庆府，深入民间，体察民情，写了七绝《黄葛渡》，诗曰："龙门东去水和天，待渡行人暂息肩。自是晚来归兴急，江头争上夕阳船。"

余玠知重庆府，广招贤能，大整弊政，抗蒙屡立战功，但遭到权奸诬陷打击，心中不免蒙上一层阴影，作《觉林寺》诗云："木鱼敲罢起钟声，透出寒林万户惊。一百八声方始尽，六街三市有人行。"

余玠正当盛年时，却被迫害致死。在他被贬谪以后，权奸可以摧残他的肉体精神，但扼不住他的歌喉，作为一个真正的爱国将领和诗人，他始终念念不忘恢复中原，希望君王圣明，国运昌盛——即使希望看来是失望，他还在呐喊呼唤，唱出《瑞鹤仙》，形成了诗人全部诗作中的最强音：

"怪新来瘦损。对镜台、霜华零乱鬓影。胸中恨谁省？正关山寂寞，暮天风景。貂裘渐冷。听梧桐、声敲露井。可无人，为向楼头、试问塞鸿音信。争忍，勾引愁绪，半掩金铺，雨欺灯晕。家僮卧困，呼不应，自高枕。待催他，天际银蟾飞上，唤取嫦娥细问。要乾坤表里光辉，照予醉饮。"

这首词见《阳春白雪》，未著写作时间，根据词意，应作于余玠被罢官贬谪以后。

2010 年 5 月，余玠当年的帅府所在地在重庆市渝中区被发掘。余玠的帅府位于渝中区望龙门街道的巴县衙门老鼓楼，经考古发掘，大量出土文物印证了余玠帅府的存在。这个遗址被命名为老鼓楼遗址。

（殷　智）

参考资料

1. ［元］脱脱、阿鲁图等：《宋史》

2. ［明］宋濂、王祎：《元史》

3. 重庆市地方志办公室编纂委员会：《重庆名人辞典》，四川大学出版社，1992

4. 重庆市北碚区地方志编纂委员会：《重庆市北碚区志》，重庆出版社，1997

5. 王爵英：《合州·钓鱼城》，四川人民出版社，2001

6. 池开智：《合川历史文化纲要》，重庆出版社，2009

7. 郑洪泉等：《重庆古今风云人物》，重庆大学出版社，1989

8. 四川省合川县地方志编纂委员会：《合川县志》，四川人民出版社，1995

9. ［清］张森楷：《民国新修合川县志》

10. 王利泽、王中格：《钓鱼城》，重庆出版社，2012

11.《合川钓鱼城文化史料汇编》，内部出版物

王　坚

王坚（约1201—1264）　南阳邓州彭桥（今河南邓州一带）人，南宋抗蒙名将，坚守重庆钓鱼城三十六年的第一员主将。

入忠顺军　抗击蒙军

嘉定十二年（1219年），金军统帅完颜讹可入侵唐州（今河南唐河、社旗、方城、桐柏、泌阳一带）、枣阳（今湖北西北部），宋荆鄂都统制孟宗政招募壮士两万余人，号忠顺军，王坚即由此招募入忠顺军，戍守唐州、邓州，在杏山山区屯田练兵，守备御敌。

绍定元年（1228年），忠顺军与民屯田，灌溉十万顷，当年收粮十五万石，忠顺军各家自养马匹，官家给草料，忠顺军兵强马壮，常常给入侵的蒙古军队以沉重打击。王坚在忠顺军内，作战勇敢且有谋略，成为忠顺军的得力将领，升为劲军统制。

宋嘉熙年间，王坚率军在杏山一带屯田练兵，守备御敌，当时的蒙古军队在顺阳丹江沿岸聚集大批船只，堆积大量造船木材，准备大造船只，南下汉水、长江，加速南侵。王坚侦知敌情，于嘉熙三年（1239年）一月，挑选熟悉地形的精壮兵将，准备大量的引火材料，于夜晚越峭壁，尽焚敌军船只与造船木材，获得重大胜利，自此崭露头角，成为南宋名将孟珙的得力将领。蒙古军攻四川，王坚随孟珙入川御敌。

知合州　主持钓鱼城防务

淳祐十年（1250年），王坚参加由南宋名将、抗蒙总指挥余玠与蒙军前锋总帅汪德臣在兴元、文州等地的大战。次年，奉命收复兴元府，然后率兴州兵驻守合川旧城。

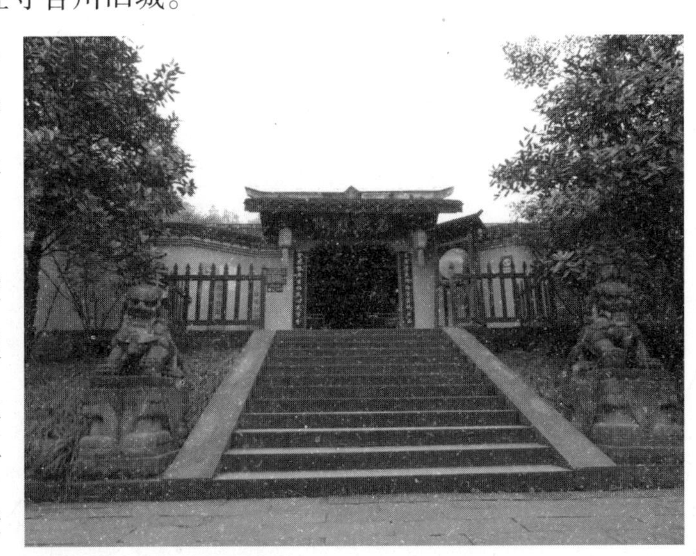

钓鱼城内石照县衙门

宝祐二年(1254年)，王坚升兴元府都统兼知合州，并主持钓鱼城防务。南宋在抗金、抗蒙的长期战争中，逐步形成固守长江上游以屏蔽下游的方略。在丧失蜀道天险之后，南宋守蜀将帅，时任兵部侍郎、四川制置使的余玠利用四川多山川的条件，采用谋士冉氏兄弟的建议，择要隘，建山城，构成了以重庆为中心，以点控面，扼守夔门，阻止蒙古军东下的钓鱼城防御体系。当年因战事需要，合州治所和兴元戎司（军事机构）设在钓鱼城。钓鱼城坐落在钓鱼山上，离重庆35千米，位于嘉陵江、渠江、涪江交汇要冲，三面据江，山势险绝。四周峭壁悬崖，“凿山通路，路曲次之”“于此筑城，高二十仞”，是保卫重庆和川东，阻止蒙古军队南下的屏障。他令所属5县17万民丁加修钓鱼城，在西门内修一大水塘，池水丰盛，天旱也不干涸，池中养有鲜鱼，还可划船撒网，取名叫“天池”。另外还开挖了13处小水池，92眼水井。池中和井中的泉水春夏秋冬都很充足。城中的民丁，春季出城屯田耕作，秋季收粮运柴上山，“保民练武，累抗元兵”，使百姓过着较为安定的生活，钓鱼城成为聚陕西、甘肃、四川之民，“兵精粮足，兼获池地之利”的军事重镇。城防方面，在山的南北各筑一条“一字城”伸到江边，可以拦截敌军于城墙和江流之外。同时又在江边修建水师码头，在江上布置战船，以加强警戒。

蒙军统帅蒙哥鉴于以前对宋朝全面多路进攻的失败，以及水军不足的弱点，采取了迂回至长江上游的战略，在大举南下攻宋以前，进军云南。经过数年准备，于宝祐六年（1258 年）二月，蒙军兵分四路攻宋。蒙哥亲率主力 4 万，号称 10 万，于四月沿嘉陵江向重庆进发，企图占领重庆，东出夔门，会师荆湖，直取临安（今浙江杭州）。十二月，蒙军进至合州境内。10 万多军民在主将王坚的率领下，团结一心，坚决抗蒙。次年二月，蒙哥率军渡过渠江，驻军于钓鱼城东 2.5 千米的石子山一带，强攻钓鱼城。经过几天的战斗，攻破一字城，遂连续攻东新门、奇胜门（城西）、镇西门等。守城军民依坚据守，木石兼投，大炮遥击，使蒙军的进攻均遭失败。四月大雨 20 天，

钓鱼城中供奉张钰、冉璞、余玠、冉琎、王坚的忠义祠

蒙军利用一无雨深夜，偷袭宋军，杀伤多人。王坚率兵反击，打退蒙军。五月酷热，蒙军疫病流行，王坚乘隙多次率兵夜袭其营地。蒙军日夜不安，战斗力大为减弱。

蒙哥殒亡　合州解围

开庆元年（1259 年）正月，蒙哥大汗亲自率领蒙军主力逼近钓鱼城，并派降将晋国宝入城招降，王坚严词拒绝，并把晋国宝押到阅武场（练兵场），斩首示众，军声大振。蒙哥遂以重兵围攻钓鱼城，二月至五月，屡攻不克，蒙古军士气大为低落。王坚率宋军据城坚守，采取“战火挠敌，守以固城”的策略，白天率军抵抗，夜间派兵袭击，将蒙古大军死死阻于钓鱼城下。南宋王朝嘉奖他，诏曰：“守合州王坚，婴城固守，百战弥厉，节义为蜀列城之冠。”六月初，南宋四川制置副使兼重庆知府吕文德率水军沿嘉陵江上溯救援钓鱼城，被蒙哥派军击溃，退回重庆。六月五日，蒙军前锋总帅汪德臣挑选精锐总队夜袭外城兵马寨，王坚亲自率兵进行抵抗，两军相持到天亮。汪德臣单枪匹马逼近镇西门外喊降，大呼：“王坚，我来活汝一城军民，宜早降！”话未喊完，被城上炮石击中负伤，又正遇大雨，攻城梯折断，蒙古军队后续总队因失利败去。汪德臣于六月二十一日死于缙云山。七月，川东一带久旱酷热，蒙古士兵和战马水土不服，加上军中缺粮，流行痢疾，蒙哥既无力强攻取胜，又不愿弃城撤军，战事陷入停顿。为探城内虚实，蒙哥在钓鱼城新东门外“筑台建楼，楼上接桅”，派人登高瞭望，并于二十一日亲临现场指挥。王坚早有准备，蒙古兵攀至桅杆顶部，刚想抬头瞭望，就被钓鱼城守军的炮火命中击毙，同时蒙哥也受伤，蒙古军队不得不开始撤退。这时，王坚令人从钓鱼城上抛下两条 30 斤重的鲜鱼和上百斤的面饼，并附上书信一封：“尔北兵可烹鲜食饼，再守十年，不可得也。”蒙哥知道后，伤痛迸发，死于金剑山温汤峡（今重庆北温泉）。

蒙哥大汗殒亡的消息传到欧洲，欧洲人奔走相告：“上帝之鞭折断了！”进军鄂州（今湖北武昌）的蒙哥之弟忽必烈，进攻潭州（今湖南长沙）的塔察儿，占领了大马士革，正在与马木路克王朝军队作战的旭烈兀，各路蒙古军为争夺汗位而匆忙回师。月底，蒙古留3000精兵牵制钓鱼城，大军护送蒙哥大汗遗体北还。

蒙哥大汗的死亡彻底扭转了欧亚战局，并且使南宋王朝一时免于灭国之祸，蒙古贵族集团也开始了长期的内部争战。至此合州解围。

赫赫战功　后世纪念

开庆元年九月，南宋王朝诏封王坚为宁远军节度使和“清水县开国伯”。钓鱼城由此在世界中古史上赫然树立了“延续宋祚、缓解欧亚战祸、阻止蒙古向非洲扩张”的不朽丰碑。当时，钓鱼城就以“东方的麦加城”“上帝折鞭处”的威名震惊中外。明朝人邹智说：“向使无钓鱼城，则无蜀久矣；无蜀，则无江南久矣。宋之宗社，岂待崖山而后亡哉?”南宋著名诗人刘克庄《蜀捷》诗云：“吠南初谓予堪侮，折北俄闻彼不支。挞览果歼强弩下，鬼章有入槛车时。钟繇捷表前无古，班固铭诗继者谁……”

合州军民为王坚建的纪功碑，后来虽遭元朝统治者凿毁，但至今尚存“王公坚以鱼台一柱支半壁”的残文。王坚纪功碑在钓鱼城西岩畔的一尊大岩石上，在三圣岩石级下。这尊大石，高5.6米，长5.91米，前方凿为平面，平面四周镌刻有花纹。中间刻字已大部被凿去，而重新雕刻成千手观音，高3.4米，宽2.7米。观音左侧有3个小佛，右侧有2个小佛。左右两侧有工匠有意留下的残文：“逆丑元主。王公坚以鱼台一柱支半壁。”

张森楷《民国新修合川县志·王坚传》：“（景定）五年（1264

年）三月，坚郁郁卒，赐谥忠壮，州人立庙祀之。咸淳三年（1267 年），诏赐其庙额曰‘报忠’。”根据以上记载，推断王坚纪功碑凿于张珏离开钓鱼城之前的 1272—1276 年。因为石刻上有“逆丑元主”等蔑视、斥骂蒙古统治者和歌颂王坚坚持抗蒙的文字，所以在元军占领钓鱼城后，将其凿毁，也是很自然的。对蒙古统治者来说，蒙哥大汗的败死，是一件令他们耻辱的大事，因而他们十分痛恨王坚，故令工匠凿千手观音代之。但凿造观音的工匠感念王坚的不朽功德，有意留下了这些很重要的字眼，使人们从残文中能够领略到其中的深意。

王坚纪功碑文

可惜的是，数百年来，许多人却没有发现这一重要的历史文物的本来面目，以致长期以来，屡遭毁坏。“文化大革命”中，千手观音造像被炸药炸毁，碑文也遭到了破坏。

20 世纪 50 年代末，西南师范学院（今西南大学，以下简称西师）历史系曾初步判断该碑刻为“南宋军民和张珏为了纪念王坚的战功而刻下的‘纪功碑’”，1981 年 10 月，全国“钓鱼城历史学术讨论会”公认了西师的论断。从此，王坚纪功碑才得到妥善保护。

钓鱼城先后坚守三十六年，在世界战争史上，创造了以山城设防击败当时横扫欧亚无敌手的蒙古铁骑的奇迹，震惊世界，也是中外战争史上罕见的奇迹。王坚屡建战功，被苟安投降的权臣贾似道所忌。景定元年（1260 年），王坚调任侍卫步军司都指挥使；次年任左金吾卫上将军、湖北安抚使兼知江陵府（今湖北江陵）；景定四年（1263年）被贬为知和州（今安徽和县）兼管内安抚使；景定五年（1264年），王坚在和州任上郁郁而死。王坚有五个儿子，随他镇守合州都取得功绩。德祐元年（1275 年），其子王安节任浙西添差兵马副都监，与元朝丞相伯颜战于常州，城破，英勇巷战，臂伤被缚，大呼“我王坚子安节也！”，不屈而死。

（殷　智）

参考资料

1. ［元］脱脱、阿鲁图等：《宋史》
2. ［明］宋濂、王祎：《元史》
3. 重庆市地方志办公室编纂委员会：《重庆名人辞典》，四川大学出版社，1992
4. 重庆市北碚区地方志编纂委员会：《重庆市北碚区志》，重庆出版社，1997
5. 王爵英：《合州·钓鱼城》，四川人民出版社，2001
6. 池开智：《合川历史文化纲要》，重庆出版社，2009
7. 郑洪泉等：《重庆古今风云人物》，重庆大学出版社，1989
8. 四川省合川县地方志编纂委员会：《合川县志》，四川人民出版社，1995
9. ［清］张森楷：《民国新修合川县志》
10. 王利泽、王中格：《钓鱼城》，重庆出版社，2012
11. 《合川钓鱼城文化史料汇编》，内部出版物

张 珏

张珏（1213—1280）　字君玉，陇西凤州（今陕西凤县）人，南宋抗蒙名将，坚守重庆钓鱼城三十六年的第二员主将。

青年从军　四川虓将

张珏十八岁到合州新驻地钓鱼城参军。他魁伟雄勇有谋略，善于用兵打仗、出奇兵设埋伏，计谋从没有失策。因作战勇猛，多次建立战功，被升为中军都统制，人送称号“四川虓将”。

宋理宗宝祐末年（1258 年），蒙军攻入四川，一路势如破竹，破吉平隘，攻克长宁山（今四川苍溪），杀死守将王佐父子；到达阆州，降服守将杨大渊，推官赵广殉难；到蓬州，降服守将张大悦，运使施择善死；顺庆、广安诸郡相继被攻陷。

钓鱼城之战壁画

开庆元年（1259 年），张珏协助王坚固守钓鱼城，蒙古军队围攻七个月不下，蒙哥大汗因炮伤致死，致使蒙古军队当时一举灭掉南宋的计划未能实现。景定元年（1260 年），王坚调离钓鱼城，南宋王朝以马千为兴元都统兼知合州。马千庸懦无能，主要军政大事实际由张珏担负。景定四年（1263 年），马千的儿子运送兵饷到虎相山，被元兵擒获，屡屡写书劝降，马千动摇。于是南宋王朝乃任张珏为合州知州，让他代替马千的职务坚守钓鱼城。

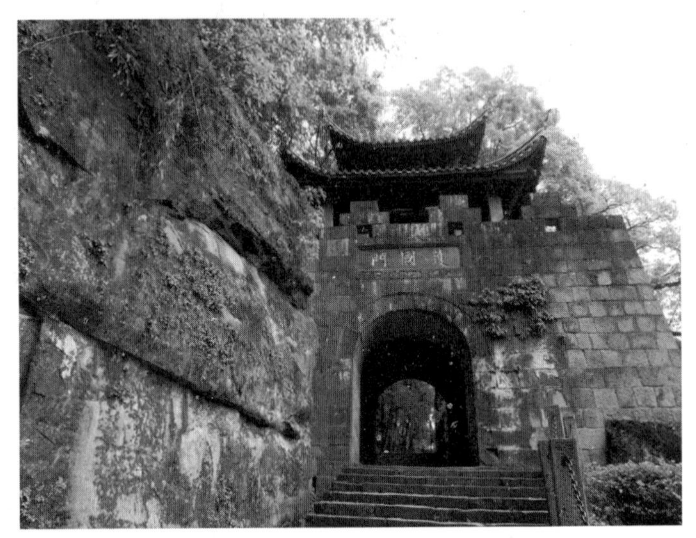

钓鱼城护国门

十月，张珏升为兴元府诸军都统制兼利州东路安抚使、合州知州。因为兴元府已被蒙军攻占，都统制司和安抚使司也都移到合州。张珏上任后，积极恢复当地的农业生产，训练士兵，修整兵器，为保卫合州做好了充分的准备。张珏管理严格，赏罚分明，立功即使是罪犯也重赏，犯错虽是至亲也绝不宽容，所以人人奋发，公私皆足。张珏对外用军队保护耕种，在内教百姓开垦田地、积储粮食，不到两个月，公私用度兼而充足。

忽必烈继承蒙古大汗位后，继续攻宋，围困、孤立钓鱼城，派重兵占据大良平（今四川广安），增筑虎相山城，时时出兵进攻梁山（今重庆梁平）和忠州、万州、开州、达州。农民无法耕种，士卒无法休整，每每运军粮到渠州（今四川渠县），宋军需要竭尽几郡的兵力护送，死战于两城之下才能够进入。

宋度宗咸淳二年（1266 年）十一月，张珏派部将史炤、王立率五十名敢死壮士用斧头砍杀从西门进入，收复大良平山城、虎相山城。咸淳三年（1267 年）四月，蒙古平章赛曲赤提兵数万破重庆防线，取道出合州城下，张珏在款龙溪将船停泊在江中，截断江面建成水城，进行抵抗，再次挫败了数万蒙军的攻势。

调兵遣将　抗击元军

至元八年（1271 年），忽必烈建立元朝，改国号为大元，定都大都（今北京），采用中华民族传统经济文化思想体系与南宋抗衡，大肆招抚南宋官吏士卒，连游民聚众入见也予以重赏，重用投降官吏，蒙宋之战转化为封建王朝更替之战。元朝于成都置四川行省，在以重兵进攻京湖的同时，加快了扫除四川障碍的步伐，以熟知四川军情的南宋降将刘整随军进击、劝降，缩小对钓鱼城、重庆的包围圈，并隔断重庆与钓鱼城的通道，伺机而破。北面由青居（今四川南充东南）推进到汉初（今四川武胜烈面镇）、定远（今四川武胜），建立起武胜军和定远军，距钓鱼城约 45 千米。

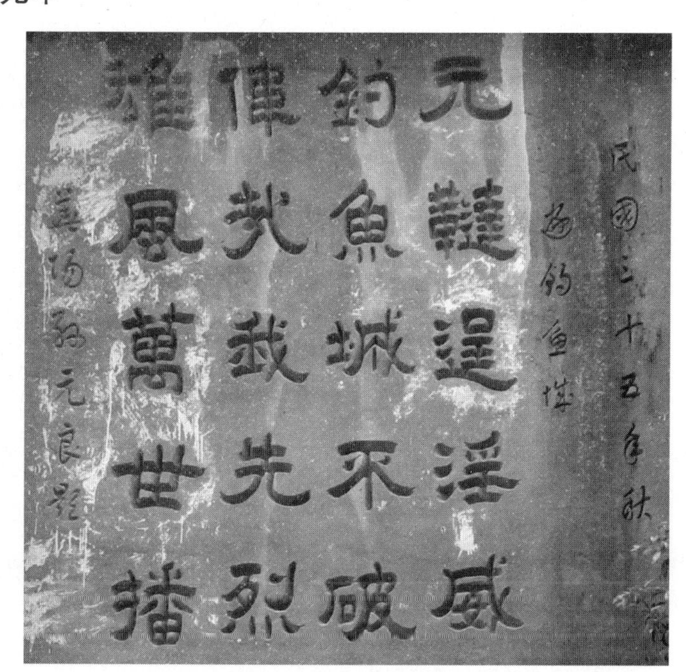

钓鱼城孙元良题词

咸淳八年（1272 年）四月，张珏又在与钓鱼城隔江的宜胜山（今重庆合川北）筑城，用来加强钓鱼城的防守能力。次年正月，元军匣刺又进逼钓鱼城。得到消息后，属下建议出兵与元兵争夺马骔山、虎顶山，张珏说："芜菁平母德、彰城，是汪元帅（汪德臣）所聚集的地方，我们出其不意而攻袭他，马兵一定顾及其后路，而顾不上筑城了。"于是"张疑兵嘉渠口"，又"潜师渡平阳滩"，进攻二城，火烧元军的钱粮器械，越寨七十里，烧毁船场，元军统制周虎战死。此战不仅击败了元军的进攻，又打破了元军在二地建城，控扼江口以图取合州的计划。咸淳十年（1274 年），张珏升为宁远军承宣使。

宋恭帝德佑元年（1275 年），南宋又任命张珏为四川制置副使、重庆知府；五月，加检校少保；又命他带兵来京保卫京城，但是入川道路已被阻断，诏令未能送到。六月，嘉定及三龟城、九顶城破，守将侯都统战死，元军乘势推进，占据泸州、叙州、长宁、富顺、开州、达州、巴州、渠州，合兵攻重庆，在长江、嘉陵江中架起浮梁，阻绝外援。元军自秋至冬围攻重庆，重庆援绝粮尽。张珏虽仍在守卫合州，但"屡以死士间入城，许以赴援，且为之画守御计"。

次年，张珏为了解救重庆被长期围攻的状况，派部将赵安袭击元军的征南都元帅府所在地青居城，活捉元朝安抚刘才、参议马嵩而返。二月，又派张万以船舰载精兵从水路冲入重庆，以增援重庆守军。四月，汇合重庆军队出兵进攻泸州，并结交泸州士人刘霖、先坤朋作为内应。而此时，以宋恭帝与谢太皇太后为首的南宋朝廷已向元军投降。五月，宋恭宗之兄益王赵昰在福州（今属福建）重建南宋政权，改年号为景炎元年（1276 年），是为宋端宗。六月，张珏又派部将赵安、王世昌等收复泸州，活捉并处死梅应青。

元军被迫逐渐从重庆撤退，转而围攻泸州。同年十二月，赵定应迎接张珏进入重庆任四川制置使，派部将张万、程聪领兵收复涪州。南宋降将、原涪州刺史阳立再次合兵来决战，史进、张世杰战死，张万坚持不住，俘获阳立的妻女以及安抚李端返回。张珏以都统程聪守涪州，重庆元兵全部退走。

张珏听说益王赵昰、卫王赵昺在广州称帝，派兵几百兵去寻求“二王”，打算从广东迎昰、昺二王入川，准备长期坚持抗元，并在钓鱼城营造宫殿。元朝安西王相李德辉亲自写信给张珏劝降：“汝之为臣，不亲于宋之子孙；合之为州，不大于宋之天下。彼子孙已举天下而归我，汝犹偃然负阻穷山，而曰忠于所事，不亦惑哉？”张珏拒绝了他。

张珏调史训忠、赵安等援救泸州，又派张万到夔州，联合忠、涪州的军队攻克石门及巴巫寨，俘获元军将士一百多人。解大宁（今重庆巫溪）围，攻破十八寨。控制入川的门户，川东形势一度好转。

兵败重庆　自缢表忠

景炎元年年底，元军再次进攻四川，景炎二年（1277 年）六月，元将张德润攻破涪州，捉住守将程聪。在此之前，程聪在重庆极力主张守城，张珏入重庆，与他不相投契，派他出守涪州。程聪到涪州后因不平而郁郁不乐，不设防备而被捉。张德润用轿子抬着程聪返归，告诉他说：“你儿子程鹏飞已经任参政了，你可以日夜与他相聚。”程聪说：“我被捉，他投降，不是我的儿子。”同月，梁山军袁世安投降。十月，万州天生城被攻破，元兵杀死守将上官夔。十一月，泸州粮食尽净，人们互相吃食，于是元兵破泸州，安抚王世昌自缢而死。元兵会军重庆，驻扎佛图关，以一军驻扎南城，一军驻扎朱村坪，一军驻扎长江上。元军派泸州降将李从招降，张珏没有顺从。十二月，达州降将鲜汝忠攻破皇华城（今属重庆忠县），活捉守将马堃，军使包申在巷战中战死。

景炎三年（1278 年）春，张珏派总管李义率领军队从广阳（今重庆市东）方向出击，全军被元军歼灭。二月，元兵破绍庆府（今重庆彭水），捉守将鲜龙，湖北提刑赵立与制司幕官赵酉泰自杀。张珏率兵冲出薰风门，与元大将也速儿战于扶桑坝（今重庆东水门附近），诸将从张珏的后方联合袭击，张珏军队大败。

重庆城中粮食已尽，张珏部将赵安写信劝说张珏投降，张珏不同意。赵安就与帐下韩忠显夜间打开镇西门投降。张珏率兵在里巷展开战斗，力量不支，回去索要鸩酒喝，左右之人把鸩酒藏了起来，于是他用小船载着妻子儿女向东逃往涪州，中途大为愤恨，用斧头砍船打算自沉。船夫夺掉斧头丢入长江中，张珏跳起来想投水，被家人挽持住不得死。第二天，万户铁木儿追到涪州，把他捉住送往京师。重庆投降，制机曹琦自缢而死，张万、张起崖出城投降。元军进攻合州，破外城。三月，王立也投降。

钓鱼城忠义祠中供奉的钓鱼城抗元将领，上书“忠义千秋”

在将张珏押往元大都途中，经过安西（今陕西西安城东北）的赵老庵，张珏的朋友对他说：“公尽忠一世，以报所事，今至此，纵得不死，亦何以哉?”于是张珏解下弓弦在厕所中自缢殉国，一代名将就此殒没。随从们焚烧了他的尸骨，用瓦罐把他埋葬在他死的地方。

被囚于元大都的文天祥知张珏的情况后，盛赞张珏的忠贞亮节："蜀虽糜碎，珏独不降！"并作《悼制置使张珏》诗云："气敌万人将，独在天一隅。向使国不亡，功业竟何如？"

钓鱼城护国寺前有一副对联云："看寺外十余里城垣，故垒雄关都载入千秋史册，功垂万世；问阶前八百年桂树，苍松翠柏谁忘却几代英豪，血染三江。"

（殷　智）

参考资料

1. ［元］脱脱、阿鲁图等：《宋史》

2. ［明］宋濂、王祎：《元史》

3. 重庆市地方志办公室编纂委员会：《重庆名人辞典》，四川大学出版社，1992

4. 重庆市北碚区地方志编纂委员会：《重庆市北碚区志》，重庆出版社，1997

5. 王爵英：《合州·钓鱼城》，四川人民出版社，2001

6. 池开智：《合川历史文化纲要》，重庆出版社，2009

7. 郑洪泉等：《重庆古今风云人物》，重庆大学出版社，1989

8. 四川省合川县地方志编纂委员会：《合川县志》，四川人民出版社，1995

9. ［清］张森楷：《民国新修合川县志》

10. 王利泽、王中格：《钓鱼城》，重庆出版社，2012

11.《合川钓鱼城文化史料汇编》，内部出版物

熊耳夫人

熊耳夫人（生卒年不详）　宋末元初人，本姓李，是元军战将熊耳的夫人，故称熊耳夫人。她是结束钓鱼城三十六年坚守并确保钓鱼城未被元军屠城的关键人物。

熊耳毙命　夫人埋名

姚文公《牧庵集》卷十七："至元十有一年，梅应春举泸州降（元），制即以其为安抚使。明年，大兵围重庆。又明年，宋制使张钰遣王立潜师袭泸，取之，醢应春，杀戍将千户熊耳，而有其妻宗，甚嬖之。宗，王相西川行院李忠宣（德辉）之外妹。立后移守合州。行东川院事者，则宪宗带御器械合丹、阔里吉思二人。先朝陟方乎此，拔将甘心，故合益负险不下。宗说立遣张郃辈偕蜡书间行至成都，请忠宣受降。忠宣从五百人至，立则开壁纳之。忠宣以王相罢置其吏而去。"

南宋末年，元军与宋军在今重庆合川钓鱼城展开了一场长达三十六年的钓鱼城之战，战争末期，钓鱼城的守将是王立，王立是四川制置使兼知重庆府张珏的副将。张珏回守重庆，钓鱼城的防务交给了王立，任命他为"安抚使兼合州知州"。此时，熊耳夫人是王立的"义妹"。

在此之前，元军占领泸州，熊耳率军驻守，熊耳夫人随军到了泸州。宋军收复泸州时，熊耳被王立击毙，熊耳夫人被宋军俘获。她在混乱中没有暴露真实身份，谎称姓王。因为有姿色，她被宋军带回钓鱼城后为王立所得。王立对外说她是自己的义妹，让其照顾老母，实际上她成了王立不公开的宠室。她还有一重身份是元朝安西王相李德辉的同母异父之妹。李德辉乃通州潞县人，至元十四年（1277 年），元世祖忽必烈授任他为西川行枢密院副使兼王相。

至元十五年（1278 年）春，重庆被赵安出卖而破城，张珏督师巷战，终于不支而走，为元军在后追击俘获，在被执送往京师途中，于今天的陕西西安赵老庵中，解弓弦自尽。

此时，南宋临安朝廷已经覆亡，钓鱼城危在旦夕。

劝降钓鱼城　保全城性命

蒙军历来以残酷屠城而著称。重庆城破后，元军屠城，然后把目光朝向了三足中的最后一个城池——钓鱼城。《万历合州志》中记载：蒙哥“为炮风所震，因成疾，班师至愁军山，病甚，遗诏曰：我之婴疾，为此城也，不讳之后，若克此城，当赭城剖赤，而尽诛之”。清乾隆四十四年（1779 年）合州郡守陈大文在《钓鱼城功德祠碑》中也说：“宪宗为飞石所中，致疾而殂，曾遗诏：丁克城日，尽屠其民，以血仇耻。”此时钓鱼城的第四任守将王立，也是骁勇善战之人，他自至元十二年（1275 年）接任张钰固守钓鱼城以来，接纳了不少从四方投奔而来的难民，使得城中军民有十万之众。重庆失守之后，钓鱼城腹背受敌，王立难以招架。在元军四面攻打时，他想到过死，但又下不了决心，想投降，又怕保不住自己和全城十几万军民的性命，整天唉声叹气。他的矛盾心情，被身边的“义妹”——熊耳夫人看穿了。熊耳夫人于是策动他投降。她说钓鱼城经历三十五年的战火，已经伤尽了元气，几代老少百姓，把所有的时间、精力、财力、物力都放在了抗元上。特别是近两年来，合州已连续发生秋旱，钓鱼城内粮草无存，火药军械渐少，城中军民，到了易子而食的地步。况且元军在至元十三年（1276 年）已经攻陷临安，宋恭帝被俘获投降，南宋已经灭亡，连一个实在的汉人政权也不复存在了，在这种情况下，对元军的抵抗已没有任何意义了。南宋大势已去，大家都跟着陪葬没有什么意思。她还主动表露了自己的身份，讲出了自己是熊耳的妻子，是元军在成都的统帅李德辉的妹妹。她劝王立投降李德辉，并许诺能请其兄长保住合川数十万军民的性命。最后，王立决定向西川军投降，条件是保住全城军民的性命。熊耳夫人立即写了绝密书信，让王立派人带往成都。

李德辉得信后大喜，一来得知妹妹还在人世，二来钓鱼城终于要开城投降了。他一面准备接手事宜，一面请示忽必烈不要屠城。此时元朝建立已八年，接受了不少汉文化思想，为收服人心，他答应放过钓鱼城，李德辉立即亲自率领 500 人马赶赴钓鱼城。

至元十六年（1279 年）元月，钓鱼城结束了三十六年的坚守，开城投降。同年初，蒙古军队与南宋军队在广东江门崖山进行了大规模海战，战争的结果是元军以少胜多，宋军全军覆灭。南宋丞相陆秀夫背着小皇帝赵昺投海自尽，南宋灭亡。

忠义祠堂　丹心云表

钓鱼城之战结束二百多年以后，到了明弘治五年（1492 年），在朝中当官的合州人王玺回家乡守孝期间，约了一位同乡、时在贵州当官的陈揆一起登山，同游钓鱼城。上得山来，他们感念钓鱼城名将王坚、张珏的忠烈丝毫不在“安史之乱”中坚守睢阳城的唐代将领张巡、许远之下，然而却没有给他们建祠留存后世，甚是遗憾。于是，王玺回朝，上奏孝宗皇帝，皇帝恩准，于弘治七年（1494 年）建成王

忠义祠堂左室供奉王立、李德辉和熊耳夫人的牌位

张祠，供奉王坚、张珏的牌位。建祠之碑记云：“王张二公尽忠于宋，有功于合，所宜庙祀以仪后人，而未有举者，诚缺典也。……立庙设位，春秋祭焉。”明正德十二年（1517年），湖北孝感余崇凤来守合州，命工匠伐石，修祠宇，立碑记：“建祠之事至此毕矣。”

清初，王张祠被兵火所焚。乾隆二十四年（1759年），由知州王采珍倡议重建，同年完工，请进了钓鱼城之战中有功的余玠、王坚、张珏、冉琎、冉璞五个人的牌位，并改祠名为“忠义祠”。忠义祠正堂“忠义千秋”的牌匾之下，陈列着钓鱼城守将余玠、冉琎、冉璞、王坚、张珏的长生牌位。忠义祠正堂左室，则供奉着王立、李德辉、熊耳夫人的长生牌位。王立虽然因为开城投降不能算“忠”，没能被供在正堂，但他与李德辉、熊耳夫人的存城之功却不能忘却，正所谓“丹心云表”。清代合州知州、江苏苏州人陈大文撰写碑文刻曰“或以（王）立降为失计”，而“所全实大哉”，并称李德辉与熊耳夫人使钓鱼城军民免于元军将士的屠戮，“实有再造之恩”。

清光绪十八年（1892年），贵州遵义人华国英出任合州知州后培修忠义祠，将开城降元的王立的牌位取消，又将李德辉、熊耳夫人的牌位移出，并撰写了碑记，斥责王立“为宋之叛臣，元之降人，以之从祀，是为渎祀，神必不享”。同时，他谴责陈大文立李德辉、王立、熊耳夫人的牌位“不知何心”！

忠义祠正厅高悬“忠义千秋”金字巨匾，匾下祭台上排列着余玠、冉琎、冉璞、王坚、张珏的牌位，祝文曰：“维神才兼武，志秉忠贞。画地成城，据形胜而保蜀土；协力战守，遗鱼饼以退元戎。忠诚贯日星，后先相继；大节凌霄汉，今古照临。兹届仲春秋，爰修祀典肃陈笾豆，伏维来歆。尚飨！”

牌位旁有重庆师范大学教授刘之渐撰、重庆博物馆张雨华书的楹联：“关城百仞临江，巨鱼可钓；豪杰千秋立庙，浩气长存。”

1981 年，忠义祠大门悬书画家周北溪书横匾“忠义祠”，门柱上重刻了华国英撰书的楹联：“持竿以钓中原，二三人尽瘁鞠躬，直拼得蒙哥一命；把盏而浇故垒，十万众披肝沥胆，竟不图王立贰心。”

2006 年，忠义祠恢复了清乾隆二十四年重建时立牌位的风貌。将王立、李德辉、熊耳夫人供奉在忠义祠堂左室，立匾“丹心云表”，牌位旁有楹联：“顺时谋札传千里；托疏回天力万钧。”忠义祠正厅前有白石古槛，厅内有历代碑记。

《合川钓鱼城文史资料汇编》中辑录：“熊耳夫人奇女子，一封书救全城死。釜底游鱼鱼在生，千秋庙食王张比。噫吁乎！崖山一旅悲沉沦，寡妇孤儿泪酸辛。回天力乃输巾帼，羡耳吁天斫地人。”

（殷　智）

参考资料

1. ［元］脱脱、阿鲁图等：《宋史》

2. ［明］宋濂、王祎：《元史》

3. 重庆市地方志办公室编纂委员会:《重庆名人辞典》,四川大学出版社,1992

4. 重庆市北碚区地方志编纂委员会:《重庆市北碚区志》,重庆出版社,1997

5. 王爵英:《合州·钓鱼城》,四川人民出版社,2001

6. 池开智:《合川历史文化纲要》,重庆出版社,2009

7. 郑洪泉等:《重庆古今风云人物》,重庆大学出版社,1989

8. 四川省合川县地方志编纂委员会:《合川县志》,四川人民出版社,1995

9. [清] 张森楷:《民国新修合川县志》

10. 王利泽、王中格:《钓鱼城》,重庆出版社,2012

11.《合川钓鱼城文化史料汇编》,内部出版物

明 清 时 期

明玉珍

明玉珍塑像

明玉珍（1329—1366）原名瑞，字玉珍，湖广随州随县（今湖北随县）人，生于元天历二年农历九月九日（1329年10月2日），家里世代以务农为业，“身长八尺余，目重瞳子，素有大志”。元末起义军领袖，建都重庆的大夏国皇帝，本姓旻，因信奉明教而改姓“明”。

元至正十一年（1351年），农民大起义爆发，明玉珍聚众千余人屯据青山，结栅自固。至正十三年（1353年）冬［一说为至正十二年（1352年）］，徐寿辉使人招降明玉珍曰：“来则共富贵，不来举兵屠之”。明玉珍引众归降徐寿辉，参加徐寿辉领导的西系天完红巾军，任

同年六月，明兵抵重庆，明升出降，夏亡。明升归降后于洪武四年被封为归义侯，半年后，朱元璋以他“居常郁郁不安，颇出怨言”为借口，将其徙居高丽［见《明史》：明玉珍后代于洪武五年（1372 年）正月徙往高丽］。明升一行来到高丽后，高丽恭愍王把延安、白川两县作为贡物，供奉给明升一家，并将位于松都（现朝鲜开城）北部梨井里的兴国寺提供给他们作为邸宅，配以奴婢。韩国历史记载，明升与朝鲜王朝太祖李成桂交情颇深，经常下围棋。明升之母彭氏在李成桂登基时，献上了一套自己亲手缝制的“龙袍”，使太祖李成桂感泣。李成桂为表谢意，封明升为“华蜀君”，享受“忠勋世禄”。

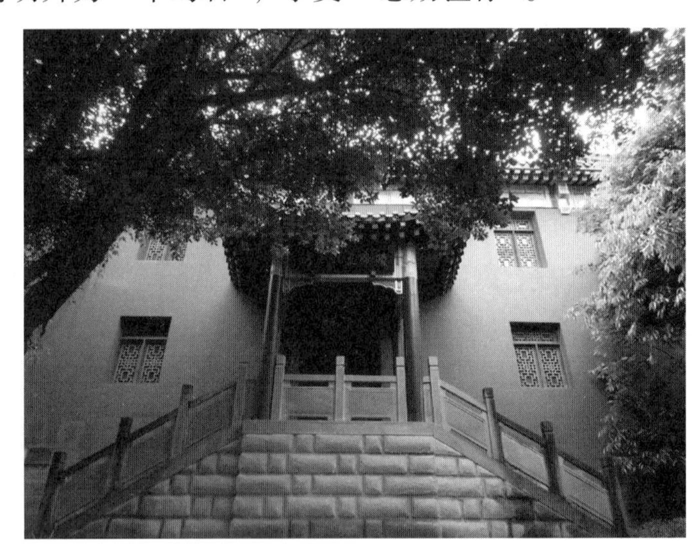

明玉珍皇帝陵

明氏一家在高丽定居后，明升与郡夫人坡平尹氏结婚，生有 4 男。4 个公子的后代分散在朝鲜半岛。日本侵略朝鲜时期，首次实施户籍制度。明氏家族由此成谱，化作两大支系：一支系为“西蜀明氏”（本籍四川，当时居住在朝鲜的明氏），另一支系为“延安明氏”（主居韩国，以明升繁衍生息地延安为籍贯的明氏家族）。1986 年，明氏后裔将两大支系的家谱合二为一，编辑成一本《明氏大同谱》，并在“明氏大宗会”的统管之下。2000 年，韩国政府在人口统计调查中，查明在韩国生活的明玉珍后裔已达 2.6 万人。算上在朝鲜生活的明玉珍后裔，总数估计已达4万余人。1982年，重庆发现了轰动全国的明玉珍墓。它的发掘不仅为研究元末农民起义地方史提供了极有价值的实物资料，同时也揭开了大夏国之谜，让徙往高丽的在韩“明氏大宗会”寻到了祖根。1993年，韩国一商人到重庆洽谈生意，当他得知明玉珍之墓的准确消息后，把这一消息告诉了“明氏大宗会”。经过精心准备，1995年，在韩“明氏大宗会”会长明完植率参拜团正式赴中国重庆明玉珍皇帝陵参拜祭祖。此后，在韩“明氏大宗会”每年都组团前来重庆祭拜先祖。2001年，在韩“明氏大宗会”更是将明玉珍皇帝驾崩的日子即农历二月六日定为祭祖日。一座偏安于重庆的简陋皇陵，二十余年来引得一批批韩国人相继前来瞻仰祭拜；一个中国历史上短暂存在的大夏国，与当今千里之外的数万异国人有着同宗血脉之缘。敬一炷香，让缭绕的烟雾传递异国子孙的思念，身在异国他乡，永存爱国赤子心。

（赵锐涛）

参考资料

1. 玄宫之碑碑文

2. ［清］张廷玉：《明史》

3. 重庆市地方志编委会总编室：《重庆名人辞典》，四川大学出版社，1992

戴 鼎

戴鼎（生卒年不详）　籍贯不详，明初重庆城卫指挥史。他组织了重庆历史上第四次大规模筑城，奠定了民国之前重庆城的基本格局。

元末乱世　戴鼎入渝

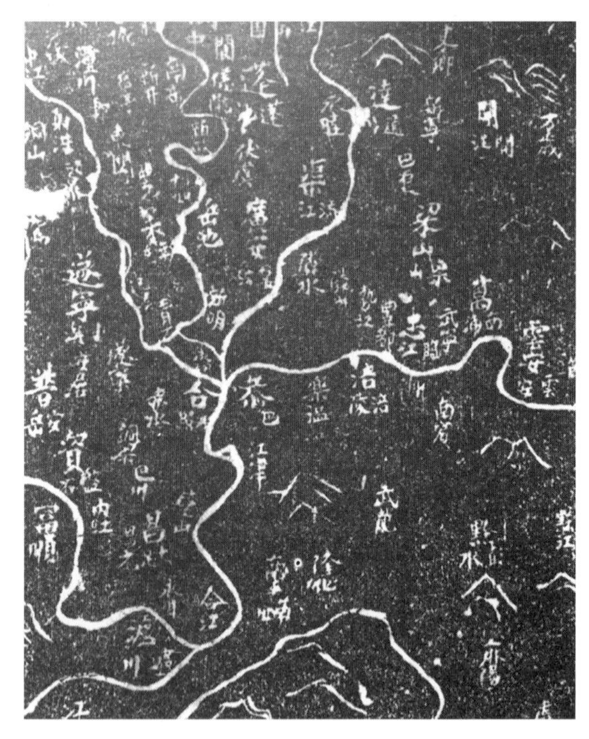

荣县宋代《九城守令图》碑中的“恭州”

元末吏治腐败，横征暴敛，苛捐杂税名目繁多，全国税额比元初增加 20 倍，大批蒙古贵族抢占土地，而中原连年灾荒，更使得百姓破产流亡，无计为生。至正十一年（1351 年）爆发了红巾军起义，天下遂乱。在乱世中，朱元璋、陈友谅、张士诚、方国珍、明玉珍等势力崛起。其中明玉珍割据四川地区，在重庆称帝，国号大夏。朱元璋先后消灭了陈友谅、张士诚和方国珍，洪武元年（1368

年），于南京称帝，建立明朝。是年，朱元璋攻占北京，推翻元朝，基本统一全国。随后，朱元璋把矛头对准了残余割据势力。

洪武四年（1371 年）正月，朱元璋遣汤和、傅友德率领水陆两路大军入蜀伐夏。其时明玉珍已死，其子明升继任。六月，汤和率领水军溯流而上，直捣重庆城，明升投降。戴鼎当时是汤和的下属，跟随汤和到了重庆。按照明朝的行政组织构建，重庆设府，属四川布政司管辖。此后，戴鼎就留在了重庆，任重庆卫指挥使。

四筑重庆城　“九宫八卦”　气象万千

通远门城墙

关于戴鼎在重庆事迹的唯一记载，就是他组织了重庆历史上第四次大规模筑城。元末战争频繁，重庆城池遭到了极大的破坏。残破的城池，既不利于军事防卫，也给百姓的生活带来不便，对经济发展造成阻碍。因此戴鼎来到重庆后，最重要的事情就是重修重庆城。据乾隆时期的旧志《巴县志》记载：“明洪武初，指挥戴鼎因址砌石城。”重庆城是从明升手中接收的，当时重庆作为大夏国的国都，已具备了一定规模和基础。因此，戴鼎“因址”筑城，在大夏国国都的基础上对重庆进行修整，依照山势砌城，基本恢复了宋代重庆城的形态。

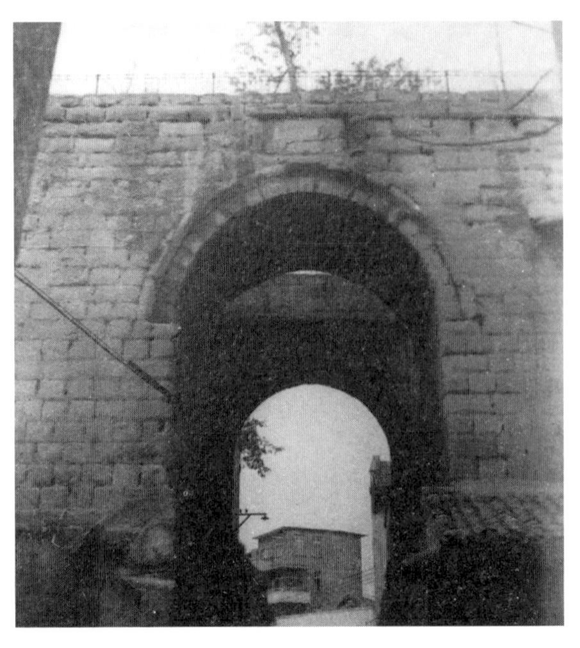

渝中区通远门（明代）

戴鼎所筑重庆城为石城，城墙全部用条石砌成，相对于传统土墙，极为坚固。城墙“高十丈，周二千六百六十丈七尺，环江为池”。根据明清时期的度量衡标准，换算为现代公制长度，城墙高 30 ~ 32 米，周长 8500 ~ 8000 米，其规模比蜀汉时期李严所筑“李严大城”稍大一些。现在人们仍可看到的 17 段残存城墙遗址，总长有 3167.6 米，其中约有 600 米封存在房基或者堡坎内。

1911 年的重庆城门

城池的设计有所创新，共开设了 17 个门，其中 9 个门可以正常打开，8 个门关闭，无法打开。这是戴鼎有意而为之，按照他的想法，9 个可以打开的门代表“九宫”，8 个不能打开的门代表“八卦”，城门九开八闭，象征“九宫八卦”。“九宫八卦”是古代易学的理论，后来又衍生出“九宫八卦阵”，在春秋战国时期逐渐成为主流的行军布阵以及营地驻扎的布局。这样的设计，体现了戴鼎永保重庆城池稳固的祈愿。

朝天门码头位于重庆市东北嘉陵江与长江交汇处，是重庆最大的水码头。朝天门原题“古渝雄关”，曾是重庆17座古城门之一。南宋偏安临安后，时有钦差自长江经该城门传来圣旨，故得此名。

九开的城门分别是朝天门、东水门、太平门、储奇门、金紫门、南纪门、通远门、临江门、千厮门。八闭的城门是翠微门、金汤门、人和门、凤凰门、太安门、定远门、洪崖门、西水门。九开门的建筑规模都比较大，为加强防守，除东水门和金紫门外，每个开门都有瓮城。

朝天门

朝天门在城东北方，位于长江、

嘉陵江两江汇流处，面向长江。城门规模较其余八门大得多，瓮城面北，在嘉陵江一侧。城门上原题有“古渝雄关”四字。城门之下，是重庆的水运总枢纽——重庆港码头。朝天门是重庆水路的起点，因此，过去有圣旨传来，都是经长江到达朝天门，“朝天门”这个名字由此得来。城门内有接圣街、朝天驿。朝天门左侧的嘉陵江纳细流汇小川，碧绿的嘉陵江水与褐黄色的长江水激流撞击，漩涡滚滚，清浊分明，形成“夹马水”景观，其势如野马分鬃，十分壮观。朝天门的古城门现已无存。

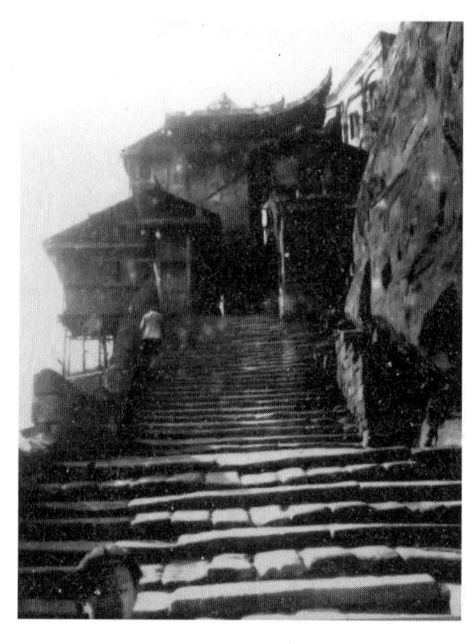

东水门旧照

东水门在重庆城的正东方，但其城门开向北方，是目前重庆仅存的两座古城门之一。城门宽 3.1 米、高 4.5 米、厚 6.6 米，属石卷顶城门洞，无瓮城。附近现有一段残存的石城墙，长约 230 米。著名的湖广会馆便坐落在城门附近的芭蕉园街上，它是清代“湖广填四川”大移民运动在重庆的重要物证，始建于乾隆二十四年（1759 年）。现存建筑群亦将“广东公所”与“齐安公所”囊括其中。

东水门城楼旧照

太平门位于城东南方，瓮城面

向西南，上书“拥卫蜀东”四个大字。由于地处古城下半城中心地带，城内是“太平坊”重庆府署和巴县官府衙门所在，是全城的政治中心。按过去城门排列的数法，以太平门为首，依序按逆时针方向绕城一周。太平门一直是老重庆的重要门户，门外是太平门码头，出该门渡长江至龙门浩，经巴县背峰、木洞、天赐入南川县，然后可通往贵州和湖南西部，该线被称为重庆的“东南路”。这里又是重庆的“朝天水驿”驿站所在地，由此出发可与重庆城以北的合阳驿、城西的渔洞驿、城东的木洞驿相通。重庆开埠后，不少外国商船也停泊于此。门内的白象街亦是洋行与各工商机构并立。因官僚富户聚集于此，这里的餐饮业也发达起来。民歌中唱道：“太平门卖的是海味山珍。”这里还是顺长江而下放流木竹的集散地。如今的太平门码头仅有部分石阶尚存。

储奇门在城正南方，瓮城向西。储奇，寓有富足昌盛之意。这里是重庆城山货、药材集散之地，所以重庆有“储奇门，药材帮，医治百病”的说法。储奇门也是重庆交通的重要连接点，上半城和下半城在此处连接，西南各地进贡给皇帝的奇珍异宝都要在这里停留后再转运进京。门内原有列圣宫，即浙江会馆；门外有储奇门码头，为1935年所建。1940年5月16日，张自忠将军殉国，28日下午，灵榇沿长江逆流送抵重庆，储奇门码头人山人海，10万人前来凭吊，蒋介石曾亲往储奇门码头迎灵。20世纪20年代修建马路，储奇门被拆毁，无存。

重庆金紫门在城正南方，城门对着江面，没有瓮城，紧靠储奇门，相距不足150米。重庆城九开八闭17座城门中，唯有储奇门和金紫门两座开门之间没有闭门。金紫门一带是柑橘船集中停靠的地方。每逢冬季，上游的江津、合川、泸州等地的柑橘收获后，就用货船运到重庆，在金紫门江边停靠，再挑到市区出售。门内是重庆官府衙门集中地。清康熙年间，这里是重庆镇总兵署所在地。近代修建缆车道路，金紫门被拆毁，遗址无存。

南纪门在重庆城的南方偏西，取《诗经·小雅·四月》“滔滔江汉，南国之纪”之诗意，有瓮城面向西。城门上书“南屏拥翠”，因其正对江对岸的南山。南纪门是城内市民出城到南岸郊游观光和乘渡船过江的交通要道，是下半城的重要城门之一。从长江上游到重庆，首经此门。门外是重庆木材业集中的码头，江边堆放的木材一直到黄沙溪，同时也是屠宰业集中的地方。南纪门外不远的长江江岸一带，早年是农田沙坝，居住于此的是以种菜为生的菜农，使当地得名菜园坝。菜园坝的蔬菜是专供给城内百姓的，批发市场设在南纪门，每天来此卖菜买菜的人流如潮。

通远门在城的正西方，现七星岗所在地，城门上书：“克壮千秋”四字，瓮城向北。通远门所在是全城最高处，居高临下，地势险要，易守难攻，在军事上是战略要点，所以通远门历来是重庆的军事要塞。戴鼎筑城之后，这里曾经发生惨烈战役。明末崇祯十七年（1644 年），张献忠率 60 万农民起义军围攻重庆，经 6 天激战，终攻破通远门，占领重庆。由于攻城时军民死伤过多，尸体就地掩埋，在通远

通远门城墙

通远门攻城雕塑

门外形成了“乱葬岗”。明清时期，城内死人，多葬于此，所以旧时重庆有“七星岗闹鬼”的俚语。瓮城外的荒地，一度成为刑场所在地。通远门是西出重庆的陆路起点，通远门由此得名。由通远门往西，一路经枇杷山至两路口，通往鹅项岭上的佛图关。通远门是重庆城仅存的两座古城门之一，现建有通远门城墙遗址公园。

临江门在城北，靠西，城门上书“江流砥柱”，瓮城向北面江。从嘉陵江上游来重庆，首经此门。城外有石灰码头、大码头、新码头等。如今城门已无存。

通远楼

千厮门也在城北，靠东，瓮门西向。城门正对嘉陵江对岸江北老城的保定门。20 世纪 30 年代，修建码头时城门被拆毁，遗址无存。

闭八门历史记载较少，遗址无存。八门的位置，翠微门在朝天门、东水门之间；太安门在东水门、太平门之间的望龙门街；人和门在太平门、储奇门之间；凤凰门在金紫门、南纪门之间；金汤门在南纪门、通远门之间；定远门在通远门、临江门之间；西水门在千厮门、朝天门之间。洪崖门在临江门、千厮门之间。洪崖门外有洪崖洞，是古“巴渝十二景”之一，名为“洪崖滴翠”，现存巴渝风格的吊脚楼民居建筑群。

有民谣《重庆歌》唱重庆十七个城门：“朝天门，大码头，迎官接圣。翠微门，挂彩缎，五色鲜明。千厮门，花包子，白雪如银。洪崖门，广船开，杀鸡敬神。临江门，粪码头，肥田有本。太安门，太平仓，积谷利民。通远门，锣鼓响，看埋死人。金汤门，木棺材，大小齐整。南纪门，菜篮子，涌出涌进。凤凰门，川道拐，牛羊成群。储奇门，药材帮，医治百病。金紫门，恰对着，镇台衙门。太平门，老鼓楼，时辰报准。人和门，火炮响，总爷出巡。定远门，较场坝，舞刀弄棍。福兴门（西水门），溜跑马，快如腾云。东水门，有一个

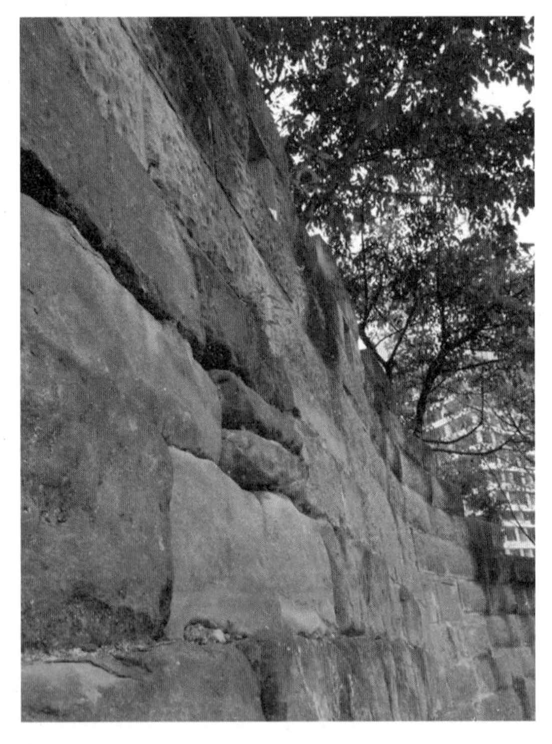

通远门城墙

四方古，正对着，真武山，鲤鱼跳龙门。”

筑城功绩　影响深远

戴鼎其人名气不大，在正史中没有传记，其事迹基本不详，结局如何已不可考。但他重修重庆城，是重庆历史上的第四次大规模筑城，由此奠定了此后近五百年重庆城市的基本格局，在重庆城市建设史上记下了光辉的一笔，对后世影响深远。

（司逸澈）

参考资料

1. ［清］张廷玉：《明史》

2. 彭伯通：《古城重庆》，重庆出版社，1981

蹇　义

蹇义（1363—1435）　字宜之，初名瑢。明四川重庆府巴县（今重庆市）人。历仕明太祖、明惠帝、明成祖、明仁宗、明宣宗、明英宗，六朝重臣，官至吏部尚书、少师、太师。蹇义为人低调和善，少有争功争业。质朴正直，仁孝忠诚，不曾一语伤人。明代内阁首辅、政治家杨士奇曾说："张咏的不近玩好，傅尧俞的待人以诚，范景仁的不设城府，蹇义兼而有之。"

诚笃干济　明太祖赐名

明洪武三年（1370 年），明朝首次开科取士，由于录取的人才大多是"后生少年"，虽能写出锦绣文章，却缺乏实际经验，真正会办事、能干事的人更是寥寥无几。洪武六年（1373 年），明太祖朱元璋下令暂停科举，官员录用改由"有司察举贤才"。后来朱元璋发现这一方法有很多漏洞和弊端，遂于洪武十五（1382 年）年重开科举。洪武十八年（1385 年）的这一次会试，是明朝建国以来的第二次全国性大规模会考。这届进士榜单中人才济济，其中就有风华正茂、中进士的蹇瑢。

蹇瑢被授予的第一个官职是中书舍人，主要负责书写朝廷诰敕、制诏、银册、铁券等敕书文告。态度端正、办事认真的蹇瑢每次奏事，都很合皇帝心意。有次，朱元璋好奇地问他："难道你是蹇叔的后代吗?"蹇叔是先秦著名的政治家和军事家，为人诚笃的蹇瑢"顿首不敢对"。朱元璋很喜欢他的诚实，特赐名"义"。蹇义处事干济，小心谨慎，从不曾触怒皇帝。

明惠帝继位后，蹇义升任为吏部右侍郎。当时兵部尚书齐泰、太常寺卿黄子澄当国，策划主导"削藩"政策，同时侍讲学士方孝孺仿效周礼"托古改制"，更定官制。面对复杂多变的政治形势，蹇义不站队、不参与、不盲从。在建文时期，蹇义不得重用，处在政治边缘地带。

治贪惩庸　吏治修明

在明太祖朱元璋时期，为确保王朝稳定，皇帝想方设法加强皇权，分封诸王。然而，各地藩王在边塞筑城屯田，训练将兵，巡视要害，督造军器。晋王、燕王多次出塞征战，打败元朝残余势力，军中大将皆受其节制。尤其是燕王朱棣，由于功绩卓著，太祖令其"节制沿边士马"，地位独尊。到了明惠帝时期，藩王势力膨胀，已经对中央政权构成威胁，加上中央实行"削藩"政策，促使燕王朱棣以"清君侧，靖国难"为名，挥师南下。

"靖难之役"后，燕王军队入京，明成祖继位，蹇义主动归附，被明成祖任命为吏部左侍郎，而后升为吏部尚书。当时朝廷上下正致力于纠正建文时期的政治制度，凡那时所更改的全部废除。面对新形势，蹇义从容地说："增补贵在适合时宜。先前所改固然不适当，如今一定要全部改回，也未必全部合适。"随即他举事例加以说明，成祖很赞同，听从了他的意见。永乐二年（1404 年），蹇义兼任太子詹事，对太子循循善诱，深得皇帝及太子倚重。永乐七年（1409 年），成祖北巡，任命蹇义辅助太子处理国事。蹇义熟悉典制掌故，通晓治国体要，军事国政都倚仗他办理。

吏部居六部之首，尚书作为吏部最高长官，“表率百僚，进退庶官，铨衡重地，其礼数殊异，无与并者”，号称“天官”。蹇义没有辜负皇帝的重托，在吏部尚书岗位上，严格官员考核制度，规范官员任免程序，建立治贪惩庸机制，实行责任倒查追究，使得当时的吏治焕然一新。

在蹇义看来，县一级至省一级地方主政官员承担传布君命、教化百姓的职能，以及安抚地方、稳定民心的重责，所以务必铨选合格的人来担任。一是靠“铨选精严”，二是靠“荐举有法”，即考核要严，荐举要慎。他要求在京担任七品以上文职的官员及近侍官，在地方任职的五品以上及县正官，都来推举人才。凡五品以下官员和政治面貌清白的平民，只要贤能廉干，能够肩负重任，都在荐举之列。此外，还可以举荐监察、法纪部门的官员。推举的人选由吏部负责考核，如果贤能则量才擢用；如果被举荐的人名实不副，或授官之后出现贪污腐化现象，则推荐的人也要承担相应的责任。受益于蹇义的这套用人标准，一批德才兼备的人纷纷登上了政治舞台。一时“永、宣之间，士风吏治，庞厚可观”，蹇义功不可没。

针对上级对下级考核“走过场”的现象，蹇义也制订了整饬措施。当时，设置在地方的各级官府，虽然在中央都有垂直对应的管辖机构，还有巡按监察御史可行使职权对其进行考察，但具体到管理实践中，不是浮于表面，就是没有真正考察到位。为治理这一弊状，蹇义奏报朝廷，让吏部和都察院共同介入监督，目的在于“考察严明，贤否有别”。如果还是只为应付而不做改变，仍然让没有才能的人侥幸继续留岗，那么他的上级管辖机构要承担失察责任；未能监督到位的，从地方到中央各级监察官员也要承担连带责任。

蹇义还另辟蹊径，对地方官府欺上瞒下的行径加以震慑。他认为，“在外军民利病未尽上达者”，是因为各级官吏“不恤下情，共为蒙蔽”所导致。为此，他建议中央派出巡视官员，“宜选在京四品以上文官，廉明谨厚者，分行天下，询访军民利病，廉察官吏贤否”。中央巡视官员到地方明察暗访，不但可以“举求遗逸，敦礼高年，存问孤穷，伸理冤滞”，更重要的是能够翔实地了解地方民情，让“官吏有所恐惧也”。

明朝的中央司法机构分别有刑部、都察院和大理寺。对于这三大法司，蹇义要求“居是职者，必得其人”。为此他制订了严格的法官铨选制度，必须“从堂上正佐官精加考核”。他实行严厉的淘汰追责制，“庸劣不称者黜之，贪婪苛刻者罪之”。司法队伍中若存在作奸犯科现象，则“责令互相纠举，不许故纵，违者一体论罪”。蹇义所掀起的整顿吏治的风暴，旨在严明各级官员的考察，为国家甄选合格人才，彻底肃清庸政、懒政、怠政等不良状况。他“慎择守令，考察明恕”，使整个国家的政风为之一新。当时的户部尚书夏原吉与蹇义齐名，朝廷内外称之为“蹇夏”。

鉴于蹇义的突出才干，成祖还多次命他兼管其他事务。永乐十九年（1421 年），三殿失火，成祖敕令 26 名朝廷大臣巡行天下。蹇义分巡应天诸府，他询问军民疾苦，废黜了几名骚扰百姓的文武官吏，还提出数十条改革事项，上奏实行。虽职务纷集，政事繁杂，蹇义却不为所缚，干得游刃有余。

忠厚宽宏　股肱之臣

明仁宗继位后，顾念蹇义辅佐监国时的旧劳，对他尤为倚重。蹇义进位少保，得冠服、象笏、玉带等赏赐，后升为少师，并赐玺书：“先前朕监国时，卿以先朝旧臣，每天在左右侍候。两京刚建，政务正繁，卿劳心焦思，不顾身家，前后二十余年，多次挽救危难。朕继承大统后，卿赞佐治理，毫不松懈，而且更加恭谨。这些朕都深念不忘，兹以自己之意，创制‘蹇忠贞印’一枚赐予爱卿，望卿藏于家中，传给后世，知道朕君臣共济艰难，共同做出了成就。”不久，仁宗命蹇义和英国公张辅以及夏原吉一同监修《太宗实录》。蹇义为人周到谨慎，比夏原吉更为忠厚。杨士奇曾对蹇义说：“为什么过于忧虑?”蹇义说：“恐怕因为卤莽而留有后患而已。”蹇义质朴正直，仁孝并忠于朋友。太子少傅、谨身殿大学士兼工部尚书杨荣曾诋毁蹇义，仁宗觉得杨荣不正直，蹇义却叩首劝说：“杨荣没有别的意思。如果左右有诬陷杨荣的人，愿陛下慎重考察。”

明宣宗继位后，对蹇义委以更重，“命朝夕侍于左右从备顾问”，让他内参馆阁、外预军机，职同宰相。蹇义厉行节俭，当时正修建献陵，宣宗想遵从遗诏主张节约，询问蹇义和夏原吉的意见，两人极力赞扬说：“圣见高远，又出于至孝，此万世之利也。”宣德三年（1428 年），宣宗准允蹇义告老还乡，赐予银章，上刻“忠厚宽宏”。宣德七年（1432 年），宣宗赐其免死牌，本人免二死，子孙免一死，又在重庆赐给他大府第一座，按王爵规格建造，其中堂有

蹇义墓

宣宗御书匾额“一个臣”和门联“祈天永命天官府，与国休戚国老家”。该府第后称“天官府”。

宣德十年（1435年），明宣宗驾崩，明英宗继位，蹇义因斋戒得病，英宗派太医前去探视，蹇义说：“陛下初嗣大宝，望敬守祖宗成宪，始终不渝耳。”说完便去世了，享年七十二岁。蹇义去世后，被英宗追赠为太师，谥号忠定，并赐葬巴县故乡（今重庆市渝北区大竹林镇五云村），被称作“天官坟”。

位于渝中区七星岗的蹇义府邸天官府旧址

蹇义是重庆古代政治地位最高的官员之一，作为明朝初期杰出的政治家，在其仕宦生涯中，先后历事六帝，在很长时间内担任吏部尚书、太子监国等职务，创造了明代“任职时间最长的吏部尚书”的纪录，对明早期建立健全典章制度和完善国家治理运行机制起到重要作用。作为国家重臣，他“通达政体，谙练章程”，以其卓越才干“称股肱之任”，并整肃吏治，匡正用人风气，使得国家“吏治修明，民风和乐”。《明史·列传》中记载：“蹇义、夏原吉自筮仕之初，即以诚笃干济受知太祖，至成祖，益任以繁剧。而二人实能通达政体，谙练章程，称股肱之任。仁、宣继体，委寄优隆，同德协心，匡翼令主。用使吏治修明，民风和乐，成绩懋著，蔚为宗臣。树人之效，远矣哉。”

天官遗迹　名留蜀地

渝中区七星岗天官府8号院内

后人以其住地、官名、姓氏等在重庆城内命名天官府、蹇家桥、蹇家巷等，沿袭至今。其中，天官府旧址位于渝中区七星岗，府第坐北朝南，倚山就势而建。据说楼屋相连，有三进院落，砖瓦都是奉御旨在巴县特设的砖瓦厂烧制。历经百年，尤其是明末清初战乱，天官府部分建筑毁于兵火。辛亥革命以后，天官府逐渐被毁坏。之后，人们在天官府旧址上修建了房屋。抗战时期，郭沫若领导的国民政府军委会政治部第三厅就借用天官府街 4 号院子里的两幢楼房办公。第三厅和抗战文化工作委员会在郭沫若的带领下，为抗战时期大后方的文化工作，为鼓舞全国民众的抗战士气做出了巨大贡献。1983 年，天官府街 4 号（后改为 8 号）院被重庆市政府公布为市级文物保护单位。原郭沫若旧居因失火被烧毁，只留下原三厅及文工委的楼房。如今，天官府已经没有了，只留下这一个地名，也是一条街名。

（陈欣如）

参考资料

1. ［清］张廷玉：《明史》

2. 重庆市地方志办公室编纂委员会：《重庆名人辞典》，四川大学出版社，1992

3. 郑洪泉等：《重庆古今风云人物》，重庆大学出版社，1989

4. 谢志伟：《蹇义：忠厚宽宏股肱任》，《海峡通迅》2015 年第 2 期

邹 智

邹智（1466—1491） 字汝愚，号立斋，又号秋囦，合州（今重庆合川）人。明成化二十三年（1487 年）进士。他疾恶如仇，敢于直言，为拯救百姓于涂炭而多次上书谏言，推动了明孝宗初期的改革，后被奸臣诬陷获罪流放，却发出了“但愿太平无一事，孤臣万死何足悲”的贞节之音。弘治四年（1491 年），邹智因病早逝，年仅二十五岁，熹宗天启初年，被追谥“忠介”。邹智撰有《立斋遗文》五卷。

身无半亩 心忧天下

明成化二年（1486 年），邹智出生在合州云门镇。就像他的名字一样，邹智从小聪颖过人，有文才，十二岁就能吟诗作文。家境贫困，却成为推动他勤奋学习的动力。家里买不起油灯蜡烛，他就借居附近的龙泉庵（今云门镇歇马庙），每天拾取枯枝和落叶，点燃照明读书，昼夜不休，通宵达旦，颇有凿壁借光之风，如此三年，学业有成。

成化二十二年（1476 年），二十岁的邹智参加乡试夺魁，中了解元。返乡时，按照当地的风俗，乡人聚集在州城会江门楼上庆祝，争相向他祝贺。他感谢了乡亲们的盛情好意，却忧心忡忡，在马上作诗以表心迹，诗云：“龙泉山下一书生，偶占三巴第一名。世上许多难了事，市儿何用喜相惊。”他并没有因为获得“三巴第一名”的成绩而春风得意，沾沾自喜，却把目光落在了“世上许多难了事”之上，表现了他“先天下之忧而忧”的报国情怀。

当时已是明朝中期，在经历初期永乐之治和仁宣之治的强盛后，明王朝开始走下坡路，先后经历了土木之变、北京保卫战、夺门之变和石曹之乱，可谓内忧外患。天顺八年（1464 年），明宪宗朱见深继位。他在位前期，选贤任能，似有明君之范，但后期日益倦怠朝政，任用奸邪，以致西厂横恣，朝纲败坏，民不聊生。当时，奸臣万安、刘吉、尹直把持政务，破坏朝政风气，贤臣遭受打压排挤，邹智对此十分愤恨。南京兵部尚书王恕是明朝贤臣，与马文升、刘大夏合称“弘治三君子”，又是“三原学派”的代表人物。他刚正清严，敢于直言，屡次向宪宗进谏，引起宪宗不满，又遭受奸臣排挤，因此被迫致仕，在家乡三原赋闲。邹智对他十分钦佩和敬重，因此当他到京城参加会试，途经三原时，特意前去谒见王恕，向其表明心志：“治理天下的关键在于任用贤臣，罢黜小人。如今小人当政，荼毒四海，而像王公您这样的忠良却被摒弃归田！我此次赴京考试，并非是为个人前途，而是为了争取一个上书天子的机会，劝诫皇帝鉴别忠贤良臣和奸邪小人，拯救百姓于苦难之中。”王恕对邹智之言十分惊奇，但也许是他对邹智并不熟悉，谨慎起见，故有所保留，笑而不答，没有表明自己的态度。

疾恶如仇　上书遇冷

在京准备会试，一位在京城做官的同乡人对邹智比较欣赏，向他引荐一位同是入京参加考试的举人，对他说：“某省一位解元，年龄性情与你相近，你是否愿意见一见他，同他结交？”这个官员是一个庸俗之辈，用各种赞美的言辞夸赞他引荐的举人。邹智信以为真，以为这位举人和自己志向相投，于是前去拜访他，不料刚刚就座，此人忽然问他：“你名列贵省第一名，这次考试比其他举人多花了多少钱呀?”邹智勃然大怒，深以为耻，遂拂衣而起，不答而出。

成化二十三年（1487 年），邹智会试告捷，位列进士科前三名，以年轻有文才，被授予庶吉士，选拔入翰林院学习。翰林院是培育高级文官的摇篮和涵养高层次学者的场所，在明代，有“非翰林不入内阁”的惯例，能进入翰林院成为庶吉士的人，都有机会入阁掌权，故庶吉士又被称为“储相”。如杨慎之父、四朝元老杨廷和，万历年间内阁首辅张居正，都是庶吉士出身。按明朝官制，庶吉士无官职，无品级，是没有上书参言政事的责任和权利的，他们先要在翰林院学习，再根据学习情况授予官职。邹智身为翰林院的庶吉士，可谓是前途无量，他只需要老老实实在翰林院学习，未来即有大把机会平步青云。

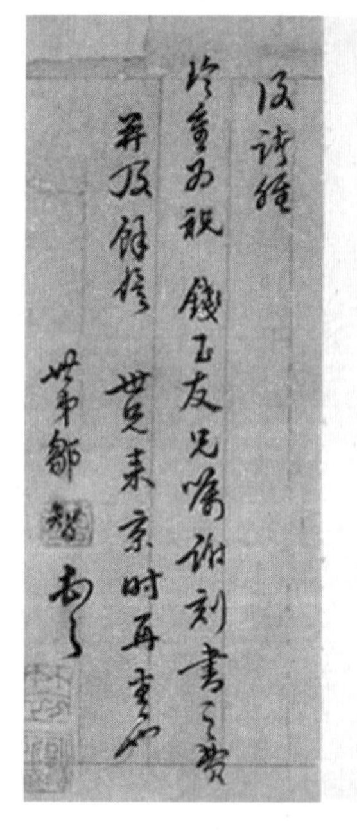
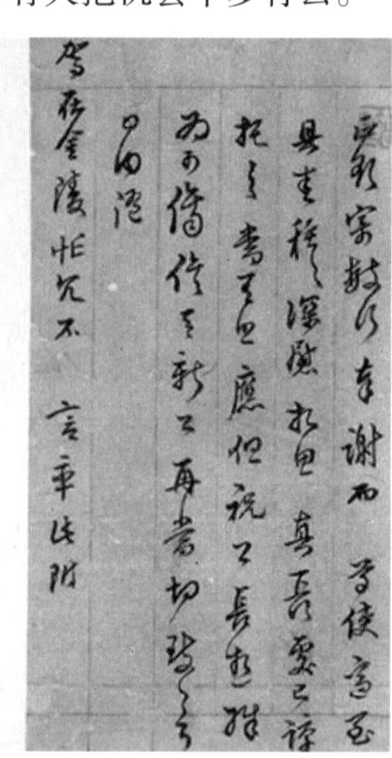

邹智手书

但正如之前谒见王恕时所言，邹智是抱着“劝诫皇帝鉴别忠贤良臣和奸邪小人，拯救百姓于苦难之中”的宗旨前来京城的，所以他毅然上书，向明宪宗谏言。在这一封著名的奏书中，邹智提出了四个方面的建议。一是君主要明辨忠奸、选贤任能，并且任用贤臣要坚持用人不疑、疑人不用的原则。他指出，辅臣历来是君主的肱股之臣，每当遇到政事，君主必定要同他们商议，还要对他们施以隆重的礼遇和特殊的恩惠，所以对他们一定要以诚心相待，给予他们最大的信任，决不能既任之又疑之。否则，容易让一些奸邪小人抓住他们的把柄偷偷使坏，使辅臣们在与君主议事时，小心翼翼，唯唯诺诺，该说的话不敢说出来，这样他们所起的作用，甚至还不如一些才能平庸的“俗吏”。紧接着，邹智拿宋仁宗举例。他说，宋仁宗当年察觉夏竦心怀奸诈，就坚决罢黜他，发现吕夷简有过能改，就宽恕他的错误，知道杜衍、韩琦、范仲淹、富弼是贤臣，就毫不吝啬地提拔他们，对他们充分信任，所以宋朝才能够北拒契丹，西臣元昊。因此，邹智希望明宪宗一定要擦亮眼睛，分清谁是夏竦之流，谁是吕夷简之流，该罢免的罢免，该宽恕的宽恕，对像范仲淹之类的贤臣，要信任他们，不能让奸邪小人参杂其中钻空子。二是要勇于纳谏，重用敢于进谏的谏官，扫除谏官敷衍塞责的不正之风。邹智指出，辅臣和谏官的职责分工不同，辅臣商议天下事，而谏官评论天下事，谏官虽然官阶不高，但是重要性与辅臣相同。如今朝廷谏官作风败坏，人浮于事，敷衍失职，以躯体魁梧为美，以夸夸其谈为贤，以簿书刑狱为职业，忠良之辈指责他们，他们却振振有词地推脱责任：“我不是不想说话，一说话就会招来灾祸，谁听我的呢?”因此他建议，要罢黜尸位素餐之人，广求风节之臣，对敢于说话的谏官，要和颜悦色地对待他们的谏言，让他们尽责尽忠。三是要重用有名望的大臣，汇聚天下人心。他指出，当年汉武帝在位时，淮南王刘安企图谋反，但因为朝中有汲黯这种好直谏、守节死义之士，才不敢轻举妄动。如今像王恕、强珍、章懋、林俊、张吉等忠诚正义之士，都因被小人谗言中伤而受到排斥，一定要重用他们，使他们全力效忠。四是要恢复先祖的制度，不能让宦官擅权。当年明太祖朱元璋对宦官擅权的现象深恶痛绝，所以制定了严格的制度，绝不让他们参与政事。但如今这个制度被破坏了，以致“邪径日开，人主大权尽出其手”。他建议明宪宗恢复宰相制度，以宰相为股肱，以谏官为耳目，以正人君子为腹心，重振朝纲。最后，邹智谏言，要做到以上四点，天子一定要坚持不懈地学习经史典籍，并验之于身心，最终达到明“圣学”的境界。

这封奏疏，可以说是针砭时弊，切中要害，淋漓尽致地体现了邹智铁骨铮铮的直谏之风。然而，奏疏上报以后，却被束之高阁。

冒死直谏　声动天下

不久，明宪宗驾崩，其子朱祐樘继位，是为明孝宗，年号弘治。明孝宗宽厚仁慈，广开言路，勤于政事，躬行节俭，有一代明主之风，后世对他评价甚高。他继位后，对明宪宗时期的朝政弊病进行了改革。邹智被明孝宗的改革措施所鼓舞，认为他施展抱负的时候到了。这时，江南地区出现了一次异常天象。据明《江南通志》载，弘治二年（1489 年），苏州有星从西北至东南坠地，大如车轮，光芒如昼，声响传播三百里。以现代人的眼光来看，这就是一次常见的陨星撞击事件，没有什么值得大惊小怪的。然而在古人看来，这却是一次让人害怕的大事件，他们认为异常天象是上天对皇帝不施德政的警告，预示着将会有大灾祸。所以一时上下恐慌，谣传纷纷。

邹智借此机会再次上书，纵论改革。他在奏疏中指出，明孝宗继位以来，慷慨奋发，恭俭勤劳，摈斥宦官，罢黜旁门左道，打击奢靡之风，裁撤冗余人员，改革成效显著。而之所以发生异常天象，是因为做得还不够好。当前要大兴天下之利，革除天下的弊病，应当在利弊的根本上下功夫。那么天下利弊的根本何在？他认为是在内阁。兴内阁之利，就要选拔正人君子入阁，除内阁之弊，就要把小人从内阁中清除出去。他把矛头对准了内阁中横行的小人：少师万安恃宠而骄，贪得无厌；少保刘吉欺下瞒上，作风散漫；太子少保尹直奸诈小人，全无廉耻。他们若继续留在内阁中，会导致君德不能辅，朝政不能修，朝纲必坏，风俗必偷，天下的贤士必然观望不敢前来，天下的奸邪必然盘踞在此不肯离去，此为大弊，必当除去。他又为朝廷推荐了几位遭奸邪排挤的贤臣：原南京兵部尚书王恕志向远大，忠诚勤政，可以委任他做大事；原兵部尚书王竑刚正守节，可以用他排斥奸人；佥都御史彭韶学识渊博，可以找他商议疑难之事。重用他们，则君主必然开明，朝政必然清肃，纪纲必然重振，风俗必然淳正，天下的贤士必然纷纷入朝，奸邪之人必然望风而去，此为大利，必当兴。接着，

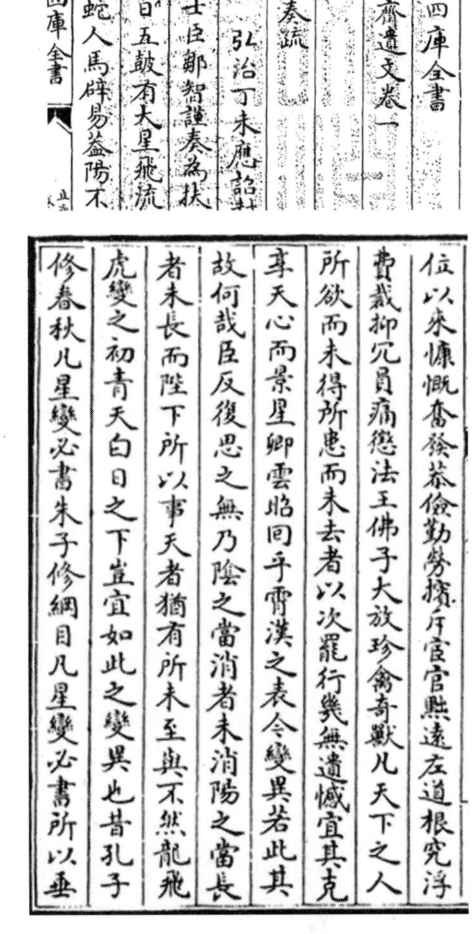

四庫全書
齋遺文卷一

奏疏
弘治丁未應詔
士臣鄒智謹奏為扶
日五皷有大星飛流
蛇人馬碑易益陽不
四庫全書

位以來慷慨奮發恭儉勤勞擯斥宦官黜遠左道根究浮
費裁抑冗員痛懲法王佛子大放珍禽奇獸凡天下之人
所欲而未得所患而未去者以次罷行幾無遺憾宜其克
享天心而景星卿雲昭回乎霄漢之表今變異若此其
故何哉臣反復思之無乃陰之當消者未消陽之當長
者未長而陛下所以事天者猶有所未至與不然龍飛
虎變之初青天白日之下豈宜如此之變異也昔孔子
修春秋凡星變必書朱子修綱目凡星變必書所以垂

邹智写给明孝宗的奏疏

他又列举了历史上一些因宦官擅权而危及国家存亡的史实，劝诫明孝宗时刻对宦官保持警惕，防止历史的悲剧重演。最后，他向皇帝表明心迹：并非不知道谏言会招来杀身之祸，只是为了国家前途，不敢苟且偷生，因而冒死上书。

明孝宗被这封奏疏所触动。不久，万安、尹直相继被罢黜。王恕又重新得到了皇帝的起用，终得善终。不过，刘吉却并没有被罢官，继续盘踞朝廷高位。

犯难投荒 百折不悔

邹智生性大方豪气，当时朝中御史汤鼐、中书舍人吉人、进士李文祥等人与其志趣相投，邹智在抱负不得施展的情况下，常与他们聚会，谈论时政。汤鼐经常在朝廷值班，邹智与他商议说："先世兴盛，御史值班，得当面向皇帝陈述朝政的得失情况，由皇帝当即决策。到后来只有等到退朝后用疏来陈述，这样君臣之间不能相互交流。你有幸遇到朝廷革新的时候，何不效仿先朝事例行事。"等到王恕接诏到了京城，邹智前去拜见王恕说："后世做臣子的没有机会见到天子，因此处理政事大都马虎草率，希望您暂且不接受官职，先请求朝见皇帝，将时政治理不善的一些情况一一向皇帝陈述，极力要求革除，然后再接受官职，这样就可能于政事有所益。如果先接受官职，就再没有见天子的日子了。"汤鼐与王恕也未能采用他的建议。

刘吉记恨邹智弹劾自己一事，对他恨之入骨。他用封官许愿收买了御史魏璋，时刻寻找机会陷害邹智。不久发生了刘概案。刘概是汤鼐的朋友，一次他给汤鼐写信，其中讲自己在梦境中看见一人骑在牛背上差点掉下来，这时汤鼐在旁扶住了他，才没有掉下去，又看见汤鼐手拿五色石牵着牛上路。刘吉等人抓住这句话，说人骑牛，为"朱"字，是暗指明王朝，于是诬陷汤鼐等人私结朋党，诋毁朝政，侮辱皇帝。刘吉又指使同党魏璋以"同党"的名义把邹智牵涉进去。邹智旋即被捕，关进诏狱，他颈、手、足上都被套上刑具，仅能呼吸。在接受审问时，邹智慷慨地回答："我见御前讲席在寒暑间停止，午朝以皮毛小事敷衍塞责，朝政纲纪毁坏，风俗轻浮，人民生活困苦，边境防备空虚，我暗自为此担忧，与汤鼐等来往时议论这些情况是有的，其他什么就不知道了。"议罪的官员承奉刘吉的意图，想将邹智等人以"妖言律"处死。不想朝野舆论哗然，吏部尚书王恕和刑部尚书何乔新等人极力营救他，而刑部侍郎彭韶也以身体生病为由，不愿意判案。最终，邹智得以免死，被贬为广东石城所吏目。邹智在狱中有诗云："人到白头终是尽，事垂青史定谁真。梦中不识身犹系，又逐东风入紫宸。"在梦中，他忘记了自己已经身陷囹圄，又追逐着东风，到紫宸殿向皇帝谏言去了。忠诚之心，溢于言表！

弘治三年（1490 年），邹智出狱，此时的他已是"衣弊履穿"，仍义无反顾地踏上了离京之路。临行前，他写了《辞朝诗》："云韶声静拜彤墀，转觉婵媛不自持，罪大故应诛两观，纲疏尤得窜三危。尽披肝胆知何日，望见衣裳只此时，但愿太平无一事，孤臣万死何足悲。"如果天下能够太平，百姓安居乐业，就算因此而死一万次，又有什么可悲哀的呢？这是何等的胸怀和气魄！

到广东后，总督秦纮爱惜他的才德，召他修书。听闻理学大师陈献章在新会讲学，他又前往受业，一直勤奋自励，学问日益长进，期待终有一日尚能报国。可惜的是，弘治四年（1491 年）十月，他突染疾病身死，时年仅二十五岁。昔日会试同年试子、广东顺德的吴廷举伤其为国含冤而死，为他办了后事，帮助邹智夫人刘氏将遗体运回家乡合川，葬于云门镇郊外，后称翰林坪。他的遗著被编辑成书《立斋遗文》五卷，计有奏疏一卷，杂文三卷，诗一卷，附录一卷。

邹智的英年早逝，让后人感叹不已。万历年间，合州督学黄克缵感叹："先生之志过于贾谊，南海之谪，远于长沙，身死之年，断于三十，天道惨毒实多。"

抗疏万年　孤亭千古

邹智是中国历史上罕见的忠直之臣，被人们比作贾谊、陈亮。他疾恶如仇，在当时朝风败坏的环境下，挺身而出，"直言动天下"，勇敢地同奸邪之辈做斗争。他志向远大，关心民间疾苦，始终以天下兴亡为己任。他有着一颗拳拳赤子心，虽然蒙受不白之冤，被流放边地，却并不因此而后悔，始终怀着报国之理想，期待能够再次为国做出贡献。同时代的进士张吉赞他：“愚才识恶于贾谊，而规模次第过之。志气类乎陈亮而能根据义理，不事豪侠。”《明史》赞他：“激于名义，侃侃廷诤，抵罪谪而不悔，岂非皎然志节之士欤?”明末清初诗人钱谦益说他：“犯难投荒，百折不悔。”《四库全书·总目提要》评他：“疏颏权奸，直声动天下，然于君国之间，缠绵笃挚，至死不亡，无一毫怨尤之意。”“与明季台谏务以骄傲沽名者，相去万万。”

从明天启年间在瑞映山下建忠节祠纪念他开始，合州人修建祠或亭纪念邹智成为历代惯例。清朝时，合阳镇内建有邹公祠，清嘉庆二十年（1815 年）因渠江洪水被冲毁，合阳镇现存有清时邹公祠木刻碑。民国八年（1919 年），云门镇乡民在邹智读书岩前修了邹公亭。民国三十五年（1946 年），邹公亭又重修，县人向靖庥撰联道：“五百年汉水西来，问万里江山有几辈孤亭千古？八千里燕京北上，爱大明君国独先生抗疏万年。”

（司逸澈）

参考资料

1. ［清］张廷玉：《明史》

2. ［明］蒋一葵：《尧山堂外纪》

3. ［明］邹智：《立斋遗文》

4. 李有明、陈红涛：《四川古代名人》，四川省社会科学院出版社，1984

5.《太平无事　万死何悲——谏臣邹智》，今日合川网，合川掌故第 9 期

喻茂坚　喻思恂

喻茂坚

喻茂坚（1474—1566）　字月梧，号心庵，明重庆府荣昌县（今重庆荣昌）人，壮年登科入仕，先后于多地任职。喻茂坚常说：“为政之要有三：谨民政、肃官规、崇教本。”他一生心存信仰，以儒立身，心系民生，刚正不阿，被誉为“天下清官”。以己身为表率，清廉传家，教导后世子孙行正路、做正事，成就顶天立地、堂堂正正的人生。

为官一任　造福一方

喻茂坚为正德六年（1511 年）中进士，授南直隶铜陵知县。铜陵（今安徽铜陵）县城依山襟江含湖，四周没有城墙。流寇想给新上任的喻茂坚一个“下马威”，突袭进犯。喻茂坚沉着应对，组织百姓自卫守城，大获全胜，并把缴获的船只全部奖赏给参与战斗的百姓。百姓叩谢而去，从此无不拥戴。喻茂坚恪尽职守、勤政爱民。正德十年（1515 年），他调任浙江临海知县，力革当地溺死女婴之陋习。在任三年，自己出资奖励生女孩的家庭“布一丈三尺，米五升”，被拯救的

喻茂坚陈列馆

女婴皆被唤作“喻女”。百姓怀念他的恩德，特建生祠，至今临海碑碣犹存。

嘉靖二十二年（1543 年），喻茂坚任应天巡抚兼淮阳总督。负责漕运期间，他及时疏通淤塞的河道，并亲自前往工地巡查，对溃堤河道进行维修治理。因管教有方，节省修漕白银 10 余万两，喻茂坚力辞不取。同时，他四处筹措银两，带头捐出俸禄，代纳庐州、凤阳、淮安、扬州四府百姓水荒积欠钱银 18 万两，深受百姓拥护，清白之声久传。

喻茂堅乃天下清官也嘉靖二十八年己酉祖年七十五以老乞休世廟慰留再三奉溫
旨致仕欽賜三代誥命回榮及歸聯題 帝放閑身歸畝畝天留老眼看曾元 其時有処
士放兩江祖見所居幽趣題詩一律 嘉靖三十
一年壬子祖年七十八兗州族弟侍郎喻時巡按四川祖與時公坐席通宵詳議同出一支
嘉靖三十五年丙辰祖年八十二建尚書佳城坊於壇坡灘祖塋前並修石
垣以圖祖塚親製碑銘以彰先德嘉靖三十九年庚申祖年八十六建明德世馨祠坊
著聯以垂訓曰欲祖宗一脈真傳克忠克孝教子孫兩行正路惟讀惟耕置爾雅書院
地 闢戶以詩書課後嘉靖四十年辛酉祖年八十七祖題真覺名山於寶城寺坊

喻氏族谱——谱中记载：“喻茂坚乃天下清官也！”

喻茂坚历任河南、北直隶巡按御史及河间府知府、贵州贵宁道副使、福建按察司廉使、浙江右布政使、陕西左布政使、郧阳巡抚右副都御使、应天巡抚、刑部右侍郎、刑部尚书等职务，足迹遍及大半个中国。他严惩贪官污吏，平反冤假错案；保疆卫国，抵御外族入侵，立下卓越功勋；心系民生，体察民情，深受百姓爱戴。为官三十八年，喻茂坚清正廉洁，被赞誉为“天下清官”。

汉廷老吏　当代法家

正德十四年（1519年），正是明代由盛而衰的转折时期，喻茂坚升任福建道监察御史。由于明武宗怠于政事，喜好游猎，朝政全掌握在宦官手中。武宗下旨南巡，引起朝臣的激烈反对，喻茂坚正直敢言，毅然上书极谏。同年，宁王朱宸濠借口武宗荒淫无道，集兵十万在南昌起兵造反，史称“宸濠之乱”。著名学者王阳明在江西平定叛乱，有扭转乾坤之功，但武宗受宦官欺蔽，视其有功而不赏。喻茂坚力排众议，专门上书奏明王阳明的功绩，促使其被封为“新建伯”。

嘉靖元年（1522年），喻茂坚任陕西巡按，负责调查总兵李隆唆使军兵杀害巡抚许铭一案，喻茂坚秉公执法，将大有背景的李总兵绳之以法，并上书建议复设总督一职。由于他的上书涉及弹劾内阁大臣、各部长官，因此触怒权贵，被贬职迁官，但他的奏疏为人传颂，人称

喻茂坚年谱

"中兴第一疏"。嘉靖二十四年（1545 年），发生举朝震惊的楚世子朱英耀杀父案。喻茂坚再一次迅速查清案情，秉公执法，被大臣们誉为"汉廷老吏，当代法家"。

嘉靖二十七年（1548 年），喻茂坚升任刑部尚书，负责法律监督事宜。奸臣严嵩陷害少师夏言，喻茂坚刚直不阿，敢于与炙手可热的礼部尚书严嵩碰硬，援引《大明律》中"议能"等款请贷其死，并向世宗进谏说："人可以杀，但国体宜惜。"世宗不听，处死夏言，并降罪喻茂坚。喻茂坚见朝政已被严嵩党羽把持，朝堂已无正义可言，毅然请辞告老还乡。在刑部尚书任内，喻茂坚主持重修了《问刑条例》，认为："上一次修《问刑条例》还是在弘治年间，若不重修，危害无穷。"《明史 · 刑法志》中提到，在《问刑条例》跟不上社会发展导致司法混乱时，是喻茂坚多次上书坚持重修。这部法典增加了严惩官吏等内容，与《大明律》相互配合，维护了当时经济社会的稳定。

克忠克孝　惟读惟耕

嘉靖二十八年（1549 年），喻茂坚辞官还乡，此时"囊无百金"。返乡后，喻茂坚高度重视读书。《大明一统志 · 喻茂坚传》记载，喻茂坚细心观察历朝历代的世家大族，发现祖辈远离权力中心之后，家族往往兴衰迥异。究其原因，凡后世有继者，

重庆荣昌尔雅书院

子孙必为读书之人，而后世衰败者，则子嗣均无诗书之能。于是，他在县内士绅捐资下创办了尔雅书院。书院位于重庆市荣昌区万灵镇大河街，是穿斗木结构的两层小楼，屋顶飞檐翘角，一楼为讲学的教坊及生活用房，二楼为藏书楼。后来尔雅书院被拆除，如今复建的尔雅书院与原貌基本一致，只是把建筑的木结构换成了小青砖，现整个书院占地面积 323 平方米，总建筑面积 638 平方米。晚年，喻茂坚“闭户以诗书课后”，教导族人和乡邻的孩子，希望后人能通过耕读修身立德、端正品行。他把自己的法治理念和为学为官思想融入对后世子孙的教育中，晚年曾留下两副对联。一是《垂训联》：“衍祖宗一脉真传，克忠克孝；教子孙两行正路，惟读惟耕。”二是《训示联》：“事五尺天而天知，存方寸地而地知，为人父母无愧；领千钟粟以粟养，读万卷书以书养，在我子孙自修。”他以此作为家规家训，教育子孙耕读为本，忠孝传家。

据《喻氏族谱》记载，嘉靖四十五年（1566 年）七月十五日，喻公端坐而逝，享年九十二岁，被安葬在重庆市荣昌区万灵镇尚书村古狮山。次年四月，喻茂坚被追封太子少保，建宫保牌坊，设两个祭坛。有御笔亲书“天下第一清官”碑。

喻氏族谱

后来，喻氏后人、明末著名易学家喻国人将喻氏家训进行补充、深化，形成相对完整的喻氏家规家训，至今为喻氏后人世代铭记、遵守。喻氏家规家训有三大特点：一是注重文化教育，要求子孙以耕读为本，鼓励认真读书，考取功名；二是注重德行修养，教导子孙后代忠孝两全，孝敬父母、忠君爱国；三是注重遵纪守法。

润物无声　清白传家

数百年来，优良的家规家训哺育出许多优秀的喻氏族人，仅明清时期考取功名的就有 322 人，涌现出一批清正廉明、秉公执法的好官。如以劳定国、以死勤事的明隆庆年间寻甸府通判喻应豸，曾撰联自勉："每日说几句阴隙话，虽非求知于人，鬼神闻矣！凡事存一点天理心，纵未施及于物，子孙赖之。"喻应豸逝于任上，宦囊无余，幼子无钱扶柩归乡。民众深感其德，以母喻之，称其为"喻母"。还有弹劾权奸魏忠贤的兵部尚书喻思恂、秉公主审魏忠贤同党的巡抚喻思慥等。著名才子、明朝状元杨慎对喻茂坚赞誉有加，曾写道："父子祖孙家庆真符重庆；科名鼎盛世昌允合荣昌。"

喻思恂

喻思恂（1571—1646）　字醒拙，号川石，明重庆府荣昌县人，官至南明兵部尚书。喻思恂是喻茂坚的曾孙，继祖清廉之风，钢肠铁骨，他"一纸弹劾惊朝野"，以《劾权珰魏忠贤疏》名传天下。在任浙江巡抚时，他筹资白银 21 万两，强兵筑关，远驱倭寇，其精忠大节，朝野俱瞻。

喻思恂为万历四十四年（1616 年）进士，历任柏乡、枣强等县知县，后考选为山西道御史，奉命巡视漕运。当时专权宦官魏忠贤派人索贿，遭其严词拒绝："宁断吾首，不可屈志以事之！"天启四年

（1624 年），魏忠贤与外朝大臣的斗争已进入公开阶段。喻思恂与杨涟疏、魏大中等多次上书朝廷，弹劾魏忠贤欺上瞒下、专权误国，但明熹宗不予理睬。他又独自上书，指出魏忠贤“品流卑贱，心性贪残，目不识丁，巧能饰诈。我皇上信以为忠而莫辨其大不忠，名之为贤而靡不觉其大不贤”，希望朝廷“布告多方，或逮付法司，按情如律”治其罪。喻思恂一纸弹劾，义正词严，虽震动朝野，却遭到朝廷的严旨斥责，遂愤然辞官还乡。

崇祯帝继位后，平反冤狱，喻思恂重新被起用，仍任山西道御史，巡查长芦盐政。此后，他历任河南道、太仆寺卿、浙江巡抚等职。在浙江巡抚任内，与广东、福建合兵剿灭了“海盗”刘香，并积极参与防倭、剿倭之战。他主动捐助俸禄、节省杂费 21 万余银两贮存于宁台，作为抗倭经费。因粮裕兵足，倭寇不敢前来进犯，浙江、福建沿海得以安宁。明朝末年，喻思恂升任兵部右侍郎，后告老返乡。

天启末年，陕西全境灾荒不断，发生了严重的干旱和虫灾，禾苗枯焦，饿殍遍野，陕北地区爆发了农民暴动。崇祯三年（1630 年），张献忠在陕西聚集当地农民响应暴动。崇祯十七年（1644 年），张献忠部将王洪进攻荣昌巴斗岩（现得胜岩），赋闲在家的喻思恂组建“喻家军”，成功阻击了农民军先头部队。几日后，张献忠率农民军主力猛攻，城破，“喻家军”战死七百余人。

民间有一种说法，张献忠率领农民军杀进荣昌城后，路遇喻家人。喻家人指责张献忠说：“你为何要滥杀无辜，这些人跟你无仇无怨！他们跟你是一样的农民！”张献忠自知羞愧，指着喻家四合院天井旁的菖蒲说：“明天你就挂一株菖蒲在门前，我的士兵看见了就不再惊扰你们了。”随后，喻家兄弟把挂菖蒲的事告诉了街坊邻里，一传十、十传百，传遍了四川各地。第二天，张献忠披挂出营，率军入城抢掠，见家家门前都挂有一株菖蒲，于是偃旗息鼓，收兵回营，不再杀戮。这一天正是五月初五端午节。从那以后，每逢端午节，人们都要在门前挂一株菖蒲，以期平安吉祥。

不久，南明王朝建立，喻思恂带着喻家三百余口前往贵州，被南明政权委任为兵部尚书，与遗臣王应熊、范文光等总督四川、湖南、云南、贵州军务，力图恢复明朝。崇祯十七年，喻思恂病逝，葬于贵阳。

（陈欣如）

重庆喻氏家规家训摘编

奉忠孝

衍祖宗一脉真传，克忠克孝；

教子孙两行正路，惟读惟耕。

——喻茂坚《垂训联》

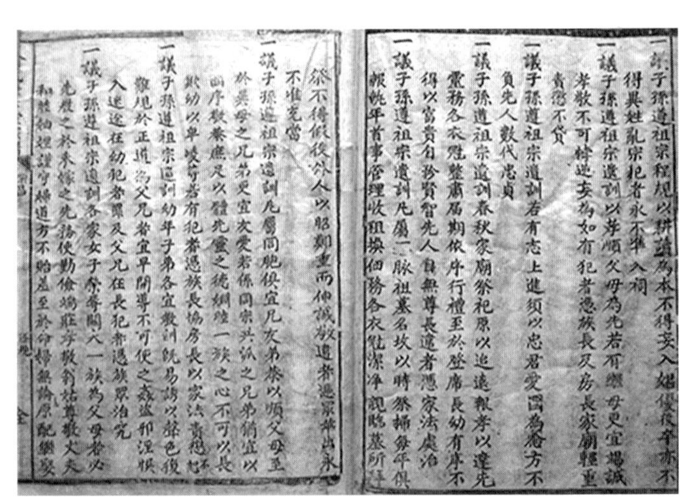

一議子孫遵祖宗程規以耕讀為本不得妄入娼優隸卒亦不
得異姓亂宗犯者永不準入祠
一議子孫遵祖宗遺訓以孝順父母為先若有繼母更宜竭誠
孝敬不可悖逆妄為如有犯者憑族長及房長家廟輕重
責懲不貸
一議子孫遵祖宗遺訓若有志上進須以忠君愛國為念方不
負先人數代忠貞
一議子孫遵祖宗遺訓春秋家廟祭祀原以追遠報孝以達先
靈務各衣冠整肅届期依序行禮至於登席長幼有序不
得以富貴自矜賢智先人自無尊長違者憑家法處治
一議子孫遵祖宗遺訓凡屬一脈祖墓名坟以時祭掃每年俱
報晚年首事管理收租換佃務各衣冠潔淨視瞻墓所[illegible]

祭不得假役外人以昭鄭重而伸誠敬違者逐宗譜出永
不准充當
一議子孫遵祖宗遺訓凡屬同胞俱宜兄友弟恭以順父母至
於異母之兄弟更宜友愛若係同宗共派之兄弟猶宜以
昭序穆兼應又以體先靈之統綱維一族之心不可以長
欺幼以卑凌尊若有犯者憑族長協房長以家法責懲不貸
一議子孫遵祖宗遺訓幼年子弟各宜教訓既易誘以辭色復
範規於正道為父兄者宜早開導不可使之為盜邪淫娼
入邪途任幼犯者罪及父兄在長犯者憑族眾治究
一議子孫遵祖宗遺訓各家女子倘爲閨人一族為父母者必
先教之於未嫁之先務使勤儉端莊孝敬翁姑尊敬丈夫
和睦妯娌謹守婦道方不貽羞至於命婦無論原配繼娶

喻氏家规家训

若有志上进，须以忠君爱国为念，方不负先人数代忠贞。

——摘自《喻氏族谱·家规家训》

以孝顺父母为先，若有继母，更宜竭诚孝敬，不可悖逆妄为。如有犯者，视其轻重责惩不贷。

——摘自《喻氏族谱·家规家训》

重耕读

以耕读为本，不得妄入娼优，犯者永不准入祠。

——摘自《喻氏族谱·家规家训》

事五尺天而天知，存方寸地而地知，为人父母无愧；

领千钟粟以粟养，读万卷书以书养，在我子孙自修。

——喻茂坚《训示联》

严规矩

幼年子弟，各宜教训。易诱以声色，复难规于正道。为父兄者宜早开导，不可使之奸盗邪淫，误入迷途。

——摘自《喻氏族谱·家规家训》

饬妇行

各家女子荣辱，关大一族。为父母者，必先教之于未嫁之先，务使勤俭端庄，孝敬翁姑，尊敬丈夫，和睦妯娌，谨守妇道，方不贻羞。无论原配继娶，各宜谨戒，循规蹈矩，不得忝辱族内。如有犯者，治以教法不严之罪。

——摘自《喻氏族谱·家规家训》

遵法纪

毋习伪以欺，毋好讼以胥戕，毋侮国宪典以自罹于辟，毋淫于货财以虐细民，毋游手好闲，毋攘窃，毋诲淫，毋鬻子为人奴隶，毋大故勿黜妻。

——摘自《喻氏族谱·家规家训》

戒非为

一岁之中，举族之能人为善者，书其事于策，尊者进之席前而劝之。积有善者，死则为之立传，书于谱。其为不善者，举其事而戒之。成而改，仍劝之。从而不悛，明书于谱，罚如前。

——摘自《喻氏族谱·家规家训》

尚节俭

凡酒筵，仅成礼，毋习奢侈。凡富贵入家庭，并以齿相尚，毋骄长傲。

——摘自《喻氏族谱·家规家训》

参考资料

1.《重庆喻茂坚：克忠克孝 惟读惟耕》，中央纪委监察部网站，2016 年 4 月 12 日

2. 重庆市地方志办公室编纂委员会：《重庆名人辞典》，四川大学出版社，1992

3. 陈朝权：《“天下清官”喻茂坚》，档案资料

4.《喻茂坚宦略年谱》，档案资料

秦良玉

秦良玉（1574—1648）　女，字贞素，明重庆府忠州（今重庆忠县）人，是中国古代唯一一位凭文武双全和忠诚智勇被正史立传的女将军，因“平叛”“镇贼”“保境”等戎马军征之功被敕封为“忠贞侯”。

少年立志　习文弄武

明万历二年（1574 年）正月初二，秦良玉出生于忠州鸣玉溪（今重庆忠县东云乡护国村）。幼时秦良玉，在其父秦葵“执干戈以卫社稷”的庭训和“汝一弱女子，盍习兵，毋为人鱼肉”思想的教导下，与兄秦邦屏、弟秦民屏等一同习文弄武，研习兵法，树立了“忠君护国、保境安民”的志向。她曾对其父说：“使儿掌兵柄，夫人城、娘子军不足道也。”少年时期，她显露出的军事才干受到父亲的大加夸赞，称：“惜不冠耳，汝兄弟皆不及也。”

助夫治军　平叛建功

成年后的秦良玉嫁给东汉名将伏波将军马援之后、石砫宣抚使（土司）马千乘为妻。此后，秦良玉助其夫整饬土政，训练土军，在石砫（今重庆石柱）建立起了一支戎伍肃然、为远近所惮的“白杆兵”。万历二十七年（1599 年），马千乘奉诏征讨播州叛乱土司杨应龙。依理，石砫土司只需率三千士兵参与平叛即可，但秦良玉为解国难，又另统精兵五百，自备军粮马匹，随夫出征，与同期抵达的明军副将周国柱共同扼守邓

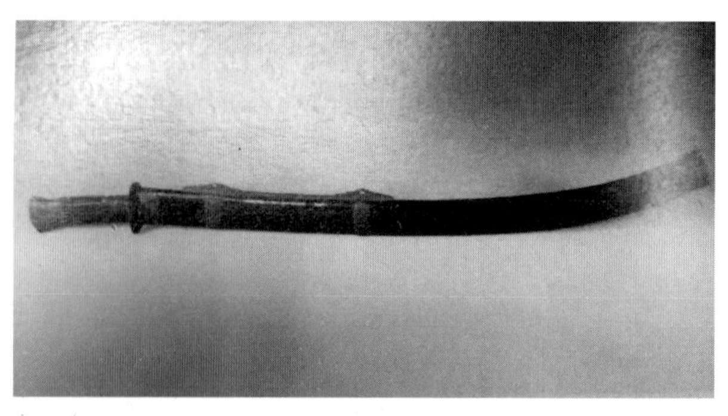

秦良玉用过的腰刀

坎（今贵州凤冈南）。万历二十八年（1600 年）正月初二，杨应龙叛军趁明军在营中大摆筵席时发动袭击，幸秦良玉与丈夫早有防备，率“白杆兵”反击，当先将其击溃，而后乘胜追击进入播州境内，接连攻克金筑关、明月关等七寨，而后又协助各路官军攻取桑木关、娄山关等，大破杨应龙军队，最后迫使杨应龙自尽，使播州之乱得以平息。此次平乱，秦良玉夫妇“为南川路战功第一”，平叛总督李化龙命人打造一面银牌赠予时年二十六岁的秦良玉，上镌“女中丈夫”四个大字，以示表彰。天启元年（1621 年）九月，永宁宣抚使奢崇明叛乱，时逢秦良玉奉命回乡招兵。奢崇明遣使结盟，秦良玉将使者斩杀后，立即发兵西上参与平叛。在秦良玉的率领下，石砫土兵转战重庆、成都和贵州等地，先后收复内江、安岳、乐至、新都，解成都、重庆、遵义之围，克二郎等险关，破红崖墩等贼巢，擒樊虎，杀樊龙等叛将。因其战功卓著，朝廷加封

秦良玉用过的铜印

秦良玉为一品诰命夫人，复授都督佥事、充总兵官。之后，秦良玉又遣石砫土兵，配合官军平定水西土司同知安邦彦之乱。其弟秦民屏在平安邦彦之乱中战死。

承袭土司　护国忠君

万历四十一年(1613年)，马千乘被监税太监邱乘云诬告，病死云阳狱。按土司“子幼妻袭”之制，秦良玉含泪忍悲，袭任石砫宣抚使一职。泰昌元年（1620年），后金入侵辽东，朝廷诏令秦良玉等出兵援助。秦良玉派兄秦邦屏、弟秦民屏率兵五千先行前往，自己与儿子马祥麟率三千精兵后发为援。为此，朝廷授秦良玉三品官服。天启元年（1621年）三月，后金包围重镇沈阳，秦邦屏、秦民屏随总兵童仲揆渡浑河与清军血战，秦邦屏战死沙场，秦民屏重伤后突围而出。四月，秦良玉亲率三千精兵前往榆关（今河北山海关），在榆关附近与后金军的激战中，马祥麟一目中矢仍拔矢逐敌，后金兵惊骇溃逃。此后，秦良玉率石砫土兵坚守榆关。熹宗闻报后，下诏给秦良玉加二品官服，封秦良玉为诰命夫人，并赐“忠义可嘉”牌匾。崇祯三年（1630年），后金军大举进攻，破长城，陷永平、遵化等四城，畿辅震动。朝廷诏天下勤王。秦良玉慷慨誓众，出家资济饷，率石砫土兵昼夜兼程，驰援京师，屯兵于宣武门外。秦良玉万里勤王，

秦良玉穿过的战袍

崇祯皇帝深受感动，优诏褒美，晋封秦良玉都督同知，挂镇东将军印。在平台召见秦良玉及部将，赐彩帛羊酒，并赋诗四首旌其功。其中一首写道："蜀锦征袍手制成，桃花马上请长缨。世间不少奇男子，谁肯沙场万里行。"

保境安民，矢志不渝

崇祯七年（1634 年），张献忠入川，为保川境平安，秦良玉与奉命回川的儿子马祥麟前后夹击，在夔州击败张献忠，使之退走湖广。崇祯十三年（1640 年）三月，罗汝才进军四川，秦良玉领兵至巫山阻击，罗汝才畏秦良玉威名，不战而逃。五月，罗汝才进犯夔州，秦良玉领兵至夔州阻击，罗汝才欲逃遁，秦良玉率军追击，重创罗汝才军，并夺罗汝才大纛。崇祯十七年（1644 年）正月，张献忠攻夔州，各路官军不敢撄其锋，且弃险败逃，唯秦良玉率数千"白杆兵"施救，以数千人对数十万人，最后寡不敌众，败归石砫，守境不出。同年三月中旬，李自成攻入北京，崇祯帝上吊自杀。消息传来，秦良玉服孝痛哭，几次昏绝，哀动军营。同年十一月，张献忠在成都建立大西政权后，秦良玉及时分兵守护四境，情绪激昂地对族人说："吾兄弟二人皆死王事，吾以一孱妇蒙国恩二十年，今不幸至此，其敢以余年事逆贼哉！"遂召集部众，约法三章："有从贼者，族无赦。"据《明史》记载，当时的张献忠派人在川中到处招降土司归附，却唯独不敢派人到石砫招降秦良玉。

南明隆武二年（1646 年）八月，在清军攻占北京后大举南侵的形势下，已七十二岁的秦良玉毅然接受南明隆武政权赐封的太子太保、忠贞侯封号，以及"太子太保总镇关防"官印，高举扶明抗清的旗帜，准备前往福建护驾抗清。数日后，即闻郑芝龙叛变，隆武帝被擒遇害，遂未能成行。南明永历二年（1648 年）五月，在西南的永历皇帝派人加秦良玉太子太傅，授四川招讨使。久卧病床的秦良玉瞿然而起，拜伏受诏，感泣道："老妇人朽骨余生，实先皇帝（崇祯）恩赐，定当负弩前驱，以报皇恩!"五月二十一日，秦良玉薨于石砫大都督府玉音楼，享年七十四岁。其孙马万年将她葬于石砫城东回龙山（今重庆石柱三河乡鸭庄村）上。

正史立传，后世景仰

秦良玉之墓

秦良玉去世后，其保国卫境的壮举和忠诚智勇的德行，不但为后世所景仰，更为史家、文豪所颂扬。《明史》称其"为人饶胆智，善骑射，兼通词翰，仪度娴雅。而驭下严峻，每行军发令，戎伍肃然"。《燕行录》描其"体甚肥大，网巾、靴子、袍带一依男子。能文墨，熟兵书。马上用八十斤双剑，年可三十五六许。吹角打鼓乘轿而气势颇壮"。史家张廷玉赞曰："夫摧锋陷敌，宿将犹难，而秦良玉一土舍妇人，提兵裹粮，崎岖转斗，其急公赴义有足多者。彼仗钺临戎，缩朒观望者，视此能无愧乎!"钱海岳赞曰："良玉以巾帼效命疆场，古所未有也，迹其忠忱武略，足愧须眉已。"康有为评曰："以敬姜之德、班昭之学、秦良玉之勇毅、辛宪英之清识、李易安之词章、宋若宪之经术，列于须眉男子中，亦属凤毛麟角。"清光绪三十四年（1908年），胡适撰文写道："中国历史有个定鼎开基的黄帝，有个驱除胡虏的明太祖，有个孔子，有个岳飞，有个班超，有个玄奘；文学有李白、杜甫，女界有秦良玉、木兰，这都是我们国民天天所应该纪念着的。”民国三十三年（1944 年），郭沫若作《咏秦良玉四首》，称誉秦良玉是“石柱擎天一女豪”“平生报国屡争先”。

纵观中国历史，在古代能被称为女将军的仅有商代妇好、唐代平阳公主、南宋杨国夫人（梁红玉）和明代秦良玉四人，但妇好、平阳公主、杨国夫人都未能登入正史将相列传，唯有秦良玉被载入《明史》卷二百七十，列传第一百五十八和《南明史》卷七十，列传第五十。秦良玉戎马传奇的一生，是秉承“执干戈以卫社稷”，践行护国保境安民的一生。她不计安危、舍家破财、忠贞卫国的高风亮节，博得了民众的崇敬。史载，川人曾在秦良玉勤王北京驻兵处筑四川会馆，馆额上书“蜀女界伟人秦良玉驻兵遗址”，馆内供奉秦良玉戎装画像，龛前对联云：“出胜国垂三百年，在劫火销沉，犹剩数亩荒营，大庇北来桑梓客；起英魂天九幽地，看辽云惨淡，应添两行热泪，同声重哭海天涯。”直到今天，北京宣武门外当年秦良玉驻兵之处，仍保留有“四川营胡同”“棉花胡同”等与秦良玉相关的地名。秦良玉生前遗物“秦良玉蓝缎平金绣蟒袍”“秦良玉黄缎平金绣蟒凤衫”“秦良玉头盔”“秦良玉鎏金铜甲胄”等，在抗日战争时期曾被郭沫若借到陪都重庆展览以激发全国人民的爱国热情和民族精神，现陈列于重庆中国三峡博物馆，供人们瞻仰。

（熊蜀黔）

参考资料

石柱土家族自治县人民政府地方志办公室：《石柱土家族研究丛书》

于成龙

于成龙（1617—1684）字北溟，号于山，山西永宁州（今山西离石）人。明崇祯年间副榜贡生。清顺治十八年（1661 年），被任命为广西罗城知县，后任合州知州，黄州同知，武昌知府，福建按察使、布政使，直隶巡抚，直至两江总督。为官二十余年，于成龙所到之处，皆有政声，一生清廉正直，多行善政，深得百姓爱戴。清康熙皇帝赞其为“今时清官第一”，为清初廉政建设和合州开拓做出了不可磨灭的贡献。

于成龙画像

初入仕途　颇有政声

崇祯十二年（1639 年），于成龙参加乡试，省城太原考场考官公然行贿受贿，徇私舞弊。于成龙在考卷上痛陈时弊，直抒胸臆，结果正榜无名，勉强考取了副榜贡生（即备取生）。顺治十八年，四十四岁的于成龙入国子监学习，结业后准备出仕，怀着“此行绝不以温饱为志，誓勿昧天理良心”的抱负，远赴广西罗城任知县。

罗城当时经济社会落后，饱经二十年战争摧残，局势未稳，盗贼横行，之前两任知县一个被杀、一个逃亡，再派的不敢赴任。整个县境荒草蔽野，劫后余生的百姓避居岩谷，县城一片废墟，只有居民六家、草房数间，县衙也是三间破茅屋。险恶的环境加之水土不服、语言不通、缺乏基本生存条件，随于成龙先后到来的九名随从或死或逃。困境中，于成龙置生死荣辱于度外，以坚强的意志扶病理事，“插棘为门，垒土为案，旁置爨釜一、盂一，召吏民从容问疾苦”，迈开了仕宦生涯的第一步。

罗城最突出的问题是匪患，当时境内各族之间、族人内部抢劫杀人，斗杀成性。因为匪患，民不安身，社会动乱，生产荒废。于成龙采取“治乱世，用重典”的方法，大张声势地“严禁盗贼”，命令“任何人不得携带刀枪，违者必究。凡有拦路抢劫、杀人伤人的案件发生，无论案情如何复杂都要破案，对为首者，严刑治罪”。令出之后，于成龙又接连办了几件大案，渐渐人心信服。罗城境内安定后，他又着力于解决邻县豪强经常入境抢掠的问题。在报请柳州府迟迟无果的情况下，于成龙从“身为父母而可使子女遭殃乎”的责任感出发，甘冒触犯清廷法令“未奉命而专征”为不赦之罪的后果，决心“奋不顾身，为民而死”，既组织乡民练兵，又大造声势，声称要亲率征讨。在强力震慑下，邻县豪强“乞恩讲和”，退还掳走的丁口耕牛，保证再不犯界，顺利解除了县城周边的威胁。于成龙在罗城七年，蓬头赤脚，与各民族群众打成一片，“他招流亡，建学宫，创设救济院”，大刀阔斧地推出了一系列整顿治安、恢复生产、减轻群众负担的举措，罗城“民大劝悔，穲穗被野，牛羊满山”，呈现出“时和年丰、官民亲睦”的新气象。离任时，百姓“遮道呼号，追送百里”。

合州知州　青天满誉

康熙六年（1667 年），于成龙被两广总督卢兴祖及金光祖合力举荐为广西唯一“卓异”（明清两朝考核地方官员的典制，三年一次，全国“大计”中清廉和才能优异者），并升任合州知州。合州本是川东大邑，素为富庶之地，但从明崇祯十三年（1640 年）张献忠率农民军入川，明朝大军云集打压农民军开始，合川便形势动荡，陷入混乱。崇祯十四年（1641 年），合川义民杀死州侍御王祚昌，关禁知州丁士俊，致使城乡更加混乱。崇祯十七年（1644 年），清兵入关，合川遗老、原工部侍郎胡士赏募集乡兵三千，准备勤王，师未发而张献忠率农民军再次入川，六月占领重庆，随即从川北、川中数路攻入成都，合州勤王军瓦解。顺治三年（1646 年），清政府派豪格、吴三桂入川平叛，十一月张献忠战死。顺治九年（1652 年），明永历政权向清军反攻，抚南王刘文秀率军攻入四川，多次击败吴三桂军队。顺治十五年（1658 年），大顺军余部首领李来亨从川鄂边境，进攻重庆清军。前后近二十年，四川兵连祸结，富户流而外逃，穷苦人民转徙流离，或死于兵祸，或死于贫病，或死于瘟疫，或因附逆而被杀戮，能幸存者百不得一。作为川东北要冲，合川受灾尤为惨烈。据《合川县志》及地方族谱考查，明代合川有大姓氏百余，经过战乱之后，仅存数姓而已。

于成龙到达合州时，合州经济凋敝、人口锐减、百废待兴。城区只有140余人，全州有507户，有丁口1013人，载粮银15两。于成龙目睹地方荒残，确定以“招民垦荒为急务”。当时州境人口少，苛役繁重，土著户与先到户侵夺争抢不断，每每流户垦地成熟后，他们起而上告官府，捏词争夺，流户只得聚而复散。为了解决流户招不来和留不住的突出矛盾，于成龙殚精竭虑，深入调研，将流户的土地、房屋加以清理，分别登记造册，并从产权问题入手，首创推行了对无主的房屋田产“凡一插占即为己业，后亦不得争论”的政策，先于康熙二十二年（1683年）颁布的“禁止原主认业”法令十六年。他亲自为新附居民区划田亩、分配牛只籽种，让他们安心生产，并规定三年不交税赋，于是“新集者既知田业可恃为己有而无复征发仓卒之忧，远近悦赴，旬日之间户以千计”。很快，合州出现了流户集聚、安居乐业的新局面。后来，重庆知府向州民征收鱼课，索要鲜鱼供厨，于成龙立即加以抵制，他以“竭泽而渔”的典故批评道：“民穷极矣，安所得鱼！”为避免扰民，他规定州衙内不得吃鱼，并免去按规定配备的仪仗驺从，出行时只以一仆一马相随。平素之间，于成龙布衣草履出没于川原之上，了解农家疾苦，并帮助他们垦荒生产，深得人民敬爱。合州招民生产有方，声名远播，流户向合州聚集者络绎不绝，不到两年，合州人口骤增，田地开辟。据《合州志·宦绩》中记载：“于成龙居官清正廉明，多善政，州人号于青天。”

黄州平叛　剿抚并举

康熙八年（1669年），由于招民垦荒政绩显著，于成龙被擢升为黄州府同知。“盗”是清初一大社会问题。在黄州府岐亭镇一带，盗贼甚至白天劫路伤命，严重影响了地方安定和百姓生活。上任之初，于成龙即以郡丞身份坐镇岐亭治盗。为了摸清盗情，他扮作田夫、旅客或乞丐，到村落、田野调查疑情，深入访察。他还特意在衣内置一布袋，专放盗贼名单，“自剧贼，偷儿踪迹无不毕具，探袋中勾捕无不得”。对待盗犯，于成龙主张慎刑，以教为主，采取宽严并济和以盗治盗的方法，取得了突出效果。他铁面无私，查明了许多重大疑案、悬案，使冤假错案得到平反。民间还流传着“鬼有冤枉也来申”的歌谣，清代文学家蒲松龄在《聊斋》之《于中丞》篇中，也叙述了相关故事。于成龙任内肃清了当地匪盗，深为湖广巡抚张朝珍器重，再次被举“卓异”。近五年任上，他成为缉盗和破案的高手，得到“青天二府”的赞誉。

康熙十二年（1673 年），于成龙奉调为武昌知府。时“三藩之乱”爆发，武昌地区战云笼罩、民心慌乱。吴三桂煽动湖北境内叛匪依山结寨，曹家河刘君孚父子乘机联络东山一带山寨发动暴乱。于成龙临危受命，在查清事件原委后，以“招抚”为方针，发出安民告示，凡是协从而去的百姓，只要自首就予免罪，进而分化了叛军，事态很快趋于缓和。随后，他又冒着生命危险只身前往刘君孚山寨招降。后于成龙升任黄州知府，到任不久，东山贼起，湖北又大乱，永宁乡、阳逻、石陂、白水畈相继发生叛乱，叛军迅速向黄州逼近。当时政府官兵开赴湖北，黄州府内兵力空虚。面对险恶的形势，于成龙力排众议，制订了决不放弃黄州、组织乡勇相机主动进剿的策略，调集乡勇数千人在东山黄土坳一带与数万暴乱分子展开激战。战斗获得全胜，当场擒获暴乱首领何士荣，后又乘胜平定了其余叛乱，为清王朝平定“三藩之乱”做出巨大贡献，受到湖广总督蔡毓荣的高度褒奖。

福建为官　爱民如子

康熙十七年（1678 年），于成龙升任福建按察使，管理监察、刑名等工作。上任伊始，他即从解决热点问题入手，做了许多得民心、稳人心的工作。当时清廷为对付台湾抗清势力，实行了严格的“海禁”政策，驻闽的满族王公和将军不顾连年兵祸、民不聊生的现状，对众多迫于生计而下海的渔民动辄兴起大狱，凡下海者一律以“通海罪”问斩。于成龙接手后，在查阅已核准的案卷时，发现“通海罪”每案被拟处死刑的就达几十人或上百人之多，甚至殃及妇女儿童。面对成案，于成龙决心重审，对善意劝阻他的下属说：“皇天在上，人命至重，吾誓不能咸阿从事！”他面对王公将军，据理力争，使上千百姓免遭杀戮而获释，贫困者还发给路费。在按察使任上，于成龙不徇私情，执法如山，坚持申雪冤案，并增加囚人口粮，周济病囚医药。满汉大臣到福州交流时，称赞说：“天朝有这样的清官，真是我们从来未见到过的。”巡抚吴兴祚赞他为“闽省第一廉能官员”，并向皇帝上奏。于成龙遂而调任福建省布政使，掌管全省钱粮和军饷。为整治贪污浪费、效率低下等积弊，他创新制度，加强管理，注重教育并以身作则，过着缺钱少米、“终日一食”的生活，把薪资用于收养孤儿。为了自励励人，他撰写了一副楹联悬挂于署衙正堂：“盈千累万，尽是朝廷正赋；倘有侵欺，谁替你披枷戴锁？一丝半毫，无非百姓脂膏；不加珍惜，怎晓得男盗女娼！”陈廷敬在《于清端公传》中记载：福建官民纷纷赞叹“于公，天下第一清官也”“于公清苦，天下一人而已”。

肱股大臣　“法官第一”

康熙十九年（1680 年），于成龙以廉能卓异，受知于清廷中枢，调升为直隶巡抚，皇帝当面褒赞“尔为今时清官第一”，并“制诗一章”，表赐白银、御马以“嘉其廉能”。新任直隶，于成龙即发出清查庸劣官员的檄文，责令各属将“不肖贪酷官员”“昏庸衰志等辈”速行揭报，以凭正章参处。针对各属贿赂公行，于成龙雷厉风行地发出了严禁送礼、严查劣员、严禁奢靡、严禁火耗、严禁赌博、严禁嫖娼、严禁侵冒赈灾粮款、严禁旗人买汉民为奴等一系列檄文。他先后弹劾罢免了贪官青县知县，通报了向他“公然开具手本（礼单）呈送中秋节礼”的大名知县，严厉申饬各级官员不得利用节令“私相馈送”，不得贿赂京官“过路送礼”。

不久，于成龙调任两江总督，入境即“微行”访于民间，面对“州县各官病民积弊皆然而江南尤甚”的状况，不禁叹曰：“噫！吏治败坏如倒狂澜，何止时乎?”他指出：“国家之安危由于人心之得失，而人心之得失在于用人行政，识其顺逆之情。”“以一夫不获曰予之喜，以一吏不法曰予之咎，为保致政之本。”很快，他颁布了《兴利除弊条约》，其中开列了灾耗、私派、贿赂、衙蠹、旗人放债等十五款积弊，责令“自今伊始”，将所有“积弊尽行痛革”。同时，制定了以“勤抚恤，慎刑法，绝贿赂，杜私派，严征收，崇节俭”为内容的《新民官自省六戒》，作为地方官的行为准则。他举优劾贪，宽严并济，凡他所到之处，“官吏望风改操”，豪滑纷纷远避，邪恶亦从而潜踪，不数月间政纪整肃，民风丕变。时人评论他：“爱民如慈母，察吏如严师……下车之日，属僚凛凛，人不自保。而公则先以宽大示之，谓前此劣迹，各官痛自湔洗；今后官箴，慎勿再蹈前辙。倘有败检（败露），白简（弹劾）无私，莫冀姑息也。属吏又喜出望外，然已不寒而栗，由是转贪官为廉能、化酷吏为循良者甚众。”据当时罢相在江宁居住的熊赐履记载，“金陵阖城尽换布衣，即婚嫁无敢用音乐。士大夫减驱从，毁丹垩，至有惊恐喘卧不能出户者”。康熙皇帝亦称赞他“宽严并济，人所难学”。

于成龙任直隶巡抚和两江总督期间，在人才建设问题上，基于自己的深切体会，对清廷严苛的干部选拔制度（即考成制，其中有官员考核一票否决的规定）提出异议，认为不利于吏治建设和人才选拔，造成“问其官则席不暇暖，问其职则整顿无心，势使然也”，使“远大之器，困于百里，深为可惜”。为此，他多次上书康熙帝举荐人才，请求破格擢用，不少清廉有为的基层官员得到提拔重用。

百官楷模　一代廉吏

康熙二十三年（1684 年），于成龙劳疾而终。金陵百姓闻丧后，奔走哀号，罢市聚哭，沿街设香案，绘像祭吊。在出殡当日，数万百姓伏地痛哭，一直送到二十里外。能如此得民心，“江宁人谓数百年来无能如此者”。自他做官起，从不携带家眷进入公署，死时亦无亲属送终。

于成龙躬先俭朴，曾在罗城、合州等最艰苦的地方任基层官员，也曾在直隶、两江等最繁华富庶的地方做“封疆大吏”，但刻苦廉洁的生活作风始终如一。在黄州时，于成龙始终勉励自己“益励前操，至死不变”。面对战乱动荡和水旱频繁造成的频频饥荒，他上书请赈，为民请命，谆谆劝导富户“大施恻隐”，解囊相助。自己则率先垂范，常年以粗糠野菜果腹，把薪俸和半数口粮救济灾民，甚至焦急无措时把仅剩的一匹骑乘的骡子，也换了十余两白银救济灾民。为了度过荒年，他把用糠做的“炒面”推行当地，不仅自己吃，还要求富户食用，并以之待客，“客虽不堪，勉强餐之”。当地群众歌颂道：“要得清廉分数足，唯学于公食糠粥”，“于糠粥”的美名也由此而来。去直隶时，他“屑糠杂米为

于成龙故居

粥，与同仆共吃”。在江南时，他“日食粗粝一盂，粥糜一匙，侑以青菜，终年不知肉味”。死后亦是室内空空，除竹箱内有衣袍一件，床头瓦缸内有白米数升，盐豆豉数小翁而外，了无长物。他在《兴利除弊条约》中曾说道：“从来寡所用，斯廉所取，未有用之极繁多，而取之能廉洁者也。”

于成龙为官勤勉，终日忙于公事。在江宁时，他总揽江苏、江西、安徽三省军务、粮饷，常工作至深夜。执法决狱时，他不讲情面，屏绝所属馈赠，性甘淡泊，吏畏民怀。他在罗城、黄州、福建三次被举“卓异”，堪为人臣之标准、吏者之楷模。于成龙逝世后，康熙帝亲自派人致祭并题写碑文，盛赞于成龙在直隶“抚字唯勤，苞苴（贿赂）尽绝”，在两江“驭下则大革贪风，励己则寒同儒素”。御制碑文称：“尔于成龙秉心朴直，莅事忠勤，而考其生平，廉为尤著。以故累加特擢，皆朕亲裁。盖拔自庶官之中，洊受节钺之任，尔能坚守夙操，无间初衷……”康熙四十六年（1707 年），皇帝南巡时御书对联：“历任甘棠随地荫，两江清节至今传。”

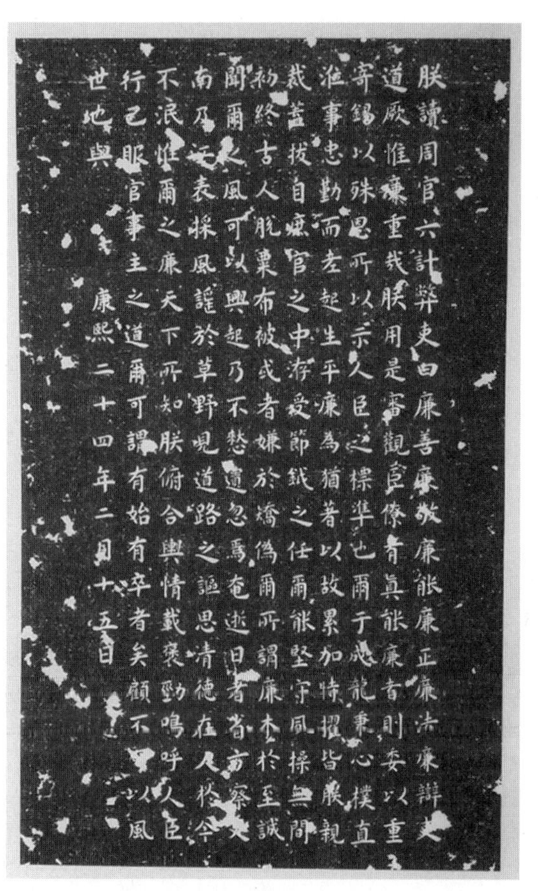
朕讀周官六計弊吏曰廉善廉敬廉能廉正廉法廉辨夫
道厥惟廉重哉朕用是審觀官僚有真能廉者則委以重
寄錫以殊恩所以示人臣之標準也爾于成龍秉心樸直
涖事忠勤而考其生平廉為猶著以故累加特擢皆朕親
裁蓋拔自庶官之中洊受節鉞之任爾能堅守夙操無間
初終古人所稟布被戒者嫌於矯偽爾所謂廉本於至誠
者歟爾之風可以興起乃不慭遺忽焉奄逝日者省方察[illegible]
南乃[illegible]表採風謳於草野覘道路之謳思清德在人稔今
不泯惟爾之廉天下所知朕俯合輿情載褒勁鳴呼人臣
行己服官事主之道爾可謂有始有卒者矣顧不[illegible]以風
世也與
康熙二十四年二月十五日

赐葬时蒙赐御制御书碑文一道

后世为了纪念于龙成，在合州、江宁、苏州、黄州皆建有“于公祠”，康熙皇帝御书“高行清粹”词额示勉。乾隆皇帝数次遣官祭于成龙之祠，并御书“清风是式”四字。

（陈欣如）

参考资料

1. 重庆市地方志办公室编纂委员会：《重庆名人辞典》，四川大学出版社，1992

2. 王爵英：《合州·钓鱼城》，四川人民出版社，2001

3. 四川省合川县地方志编纂委员会：《合川县志》，四川人民出版社，1995

4. 王毅鸣：《以一代廉吏于成龙为镜鉴》，人民网，2014 年 12 月 16 日

5. 李迅驰：《〈于成龙〉里的习习儒风——“一代廉吏”的七大儒家解读》，腾讯儒学，2017 年 2 月 27 日

周 煌

周煌（1714—1785）　字景垣，号绪楚，又号海山（一作海珊），清代涪州（今重庆涪陵）人。乾隆二年（1737 年）进士。在翰林院任编修十九年。乾隆二十年（1755 年）为册封副使，出使琉球国。后历任江西、浙江学政，工部尚书，上书房总师傅，都察院左都御史，以兵部尚书加太子太傅致仕，卒赠太子太傅，谥号“文恭”。周煌一生好学，喜工诗文，又工书法，笔法遒劲，著作颇丰，有《琉球国志略》《海山存稿》等近十种。

周煌是名家之后，据《涪陵周氏家谱》载，周煌是北宋哲学家、宋明理学创始人之一周敦颐的第十九代孙。周氏家族十分重视对后代的文化教育，周氏家训《后裔四戒》将“戒不读书”作为第一条，其中写道：“智者读书则为真儒，为名臣；不读则流为机巧愚者。……读之可以化人品，亦可以化气质。”在父亲的言传身教下，小小年纪的周煌便将读书放在第一位，并且“聪颖好学”。自幼受到良好教育以及家庭环境影响的周煌，于乾隆元年（1736 年）时考中举人，时年二十二岁，第二年中进士，选翰林院庶吉士，散馆授编修。二十五岁充《八旗通谱》馆纂修官，三十四岁父亲去世，周煌回到涪州。

清乾隆二十一年（1756 年），周煌同翰林院侍讲全魁受命前往琉球，册封尚穆为琉球国中山王。据流传至今的《周煌日记》记载，在前往琉球途中，海上连续三昼夜遭遇台风，船在剧烈的颠簸中触礁撞损，海水顿时涌入。为了避险，同船人都登岸避险。只有周煌因身负国命，有皇帝诏书在船，始终临危不乱、冷静沉着，不肯弃船离去，将诏书背负在身。最终幸得姑米岛居民救助，辗转到达琉球，完成了册封使命。出使途中，周煌对所经之

琉球国志略

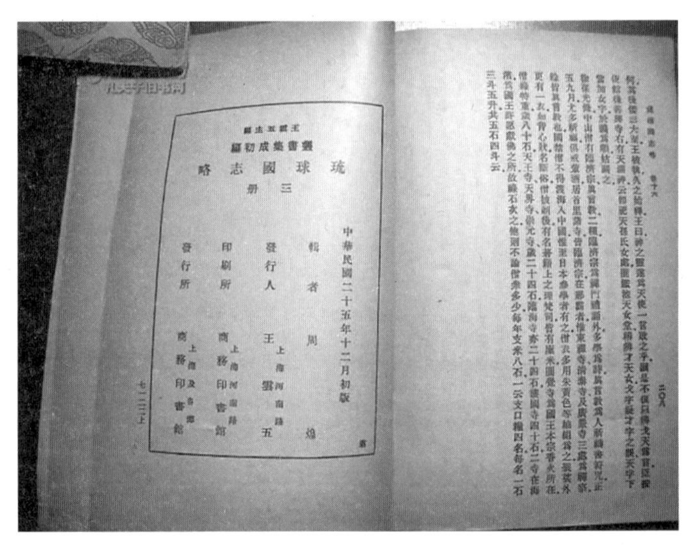

王雲五主編
叢書集成初編
琉球國志略
三册

中華民國二十五年十二月初版

輯者 周煌
發行人 王雲五 上海河南路
印刷所 商務印書館 上海河南路
發行所 商務印書館 上海及各埠

琉球国志略

地的历史、地理、经济、文化情况，皆做了详细记录。回国后又参阅大量史籍，整理编辑，手写成《琉球国志略》进呈皇帝御览，为清廷了解治理琉球发挥了巨大的作用。记载琉球史地的古籍并不多见，因此该书极为珍贵，是研究中国和琉球友好往来及琉球古代历史的重要

参考资料。该书标绘了台湾及其附属以钓鱼岛为中心的东北诸岛，十分清楚地指出，中国与琉球的海域分界线就在黑水沟，钓鱼岛在中外之界中方一侧，这种海域边界的划分法，是当时中、琉官方使节及航海家的共识，明、清册封使录中亦反复提及，有力地证实了钓鱼岛自古以来就是中国的固有领土。

此后，周煌得到乾隆皇帝重用，屡屡升迁。四十四岁迁左庶子，命在上书房行走，充《文献通考》馆纂修官；四十五岁复任侍讲学士；四十七岁以内阁学士差江西学政；五十二岁任满回京，做刑部右侍郎；五十四岁改兵部左侍郎；五十五岁提督浙江学政；五十九岁以钦差大臣身份回四川会审冤案；六十五岁担任《四库全书》总阅一职，后又任工部尚书、兵部尚书。著名学者李调元把他比为司马相如，称他为“大司马周文公”；周煌公事公办，不会因为害怕得罪别人而隐瞒实情。乾隆四十六年（1781 年），四川省查办啯匪一案，乾隆召见周煌问询相关情况，周煌据所见所闻一一奏对，点名批评当地总督失职渎职，毫不避讳。六十八岁时，周煌被任命为上书房总师傅，成为后来的嘉庆皇帝的老师。

周煌墓前的乾隆皇帝御赐牌坊，至今保存较为完整（本文图片由重庆市文物局提供）

乾隆五十年（1785 年）正月，七十一岁的周煌因病辞官离京。乾隆皇帝因他功勋卓著，决定用半副銮驾和宫廷礼乐送其还乡。于是一支由吹奏乐器和打击乐器组成的宫廷礼乐队，伴周煌从京城出发，一路浩浩荡荡、吹吹打打回到涪陵。由于是来自北京皇宫的御用礼乐，涪陵人尊称它为御锣。从此御锣便开始在涪陵流行，并成为重庆非物质文化遗产。

周煌返乡后不久病逝，被朝廷追封为太子太傅。周煌死后葬于今涪陵区大顺乡明家社区三组，墓地占地面积近100亩，由坟丘、牌坊、华表、拜台、碑亭及人物、生肖像组成。墓坐西向东，条石砌筑土冢，规模宏大。墓地拜台前还竖有四柱三门石牌坊一座，仍保存完整，是乾隆皇帝诏旌表建造。牌坊正面刻有“皇清诰授光禄大夫太子太傅兵部尚书谥文恭周公墓”。2009年，重庆市人民政府公布周煌墓为市级文物保护单位。

周煌墓前尚存的华表

周煌一生谦虚谨慎，恪尽职守，严于律己，为官近五十年，虽然官位越来越高，直至一品大员，但他一生节俭持家，从不奢华。谕祭文中称他“禔躬恪谨，植品端方”“奉职无愆夙夜”。彭元端在《周煌墓志铭》中称赞他为人坦诚、真挚、孚信。出使琉球国时，琉球国王尚穆送周煌等人的礼物皆被退回。尚穆叹曰：“清白之操，可谓始终无闻。”周煌对乾隆皇帝忠贞不贰，心存感激，其《海山存稿》中皆是对乾隆皇帝歌功颂德之作，表达了他对乾隆皇帝统治的肯定及赞扬。周煌十分重视对子女的教育，对其要求也很严格。他生有七子一女，七个儿子中有两个进士、四个举人、一个监生。

（高　博）

参考资料

1. ［清］周煌：《琉球国志略》

2. 《涪陵辞典》编纂委员会：《涪陵辞典》，重庆出版社，2003

3. 李英：《周煌〈海山存稿〉研究》，硕士学位论文，重庆工商大学，2013

4. 江舟：《涪陵掌故　涪陵人周煌》，涪陵网，2014 年 2 月 16 日

黄开基

黄开基塑像

黄开基（1790—1856）　字丕受，清四川重庆府永川县（今重庆永川）人。道光朝举人。先后历任福建平和代理知县，台湾彰化知县、鹿港同知，直隶州知州，台湾候补知府等。在鸦片战争中，他修筑炮台，募集义勇，不畏强敌，领兵抗击英军，成功击沉英舰“阿纳号”。后因积劳成疾，辞官还乡。黄开基做官16年，有13年任职于台湾，他果敢英勇，忠君爱国，宽厚公道，深受百姓爱戴。

为政宽宥　官民亲睦

道光二年（1822年），黄开基中举。道光十五年（1835年），分福建省以知县试用。道光十六年（1836 年），代理平和县知县。平和县正处乱世，灾害连年，抢劫掠夺事件经常发生，百姓过得很不安宁，民怨极大。黄开基到任之后，悄悄摸清地方情况，设计诱捕了主要闹事者。细加审问后，得知为首闹事者本为普通百姓，因受灾不能果腹而起事。黄开基力排众议，对他们未施任何刑法，而是遣去守卫边防。几个头目非但没被砍头，反而因参加驻防解除了衣食之忧，于是率领众乡邻，一心一意守家卫国，多次阻击海盗袭击，剿杀匪徒若干，平和县很快安定下来。内乱刚定，又遇洪灾。当年，台海地区突发洪灾，来势凶猛，为数十年所罕见。眼看百姓将遭灭顶之灾，黄开基身先士卒，带领当地百姓筑堤防洪。当初被黄开基派去驻守边防的闹事者，主动带领防卫人员一起返回县城，恳请官府批准他们参加抗洪抢险，自救家园，黄开基欣然应允。在他的带领下，县内很快新筑了一条防洪堤，成功抵抗住了洪水吞噬。周边县城皆遭洪灾，民众流离失所，唯平和县及时修堤，安然无恙。百姓为感谢黄开基的恩德，把这道防洪堤取名为“黄公堤”。

现存于彰化孔庙的重修彰化县学碑

道光十八年（1838 年），黄开基到台湾彰化县代理知县，发现军民关系紧张，随时可能爆发军民械斗，遂立即展开调解劝导，对冥顽不化者，果断拘捕，制止了械斗事件发生。之后，黄开基会同有关人等在水沙连附近成功歼灭了土匪，县内治安好转，百姓无不敬仰。道光二十年（1840 年），黄开基补任台湾彰化知县，后升用同知直隶州。在拜谒新建成的孔子圣庙时，他正好赶上彰化县完成修志、修庙的文坛盛事。适逢香灯祀业正旺，彰化学子恳请他为此事题写碑文。黄开基亲笔题写《重修彰化县学碑记》，至今仍立于台湾省彰化县孔子庙内，嵌在棂星门的外墙处。

领兵抗英　保家卫国

道光末期，清朝渐显衰颓之势，内忧外患，民不聊生。鸦片战争以前，台湾也是鸦片走私活动最为猖獗的地区之一，英国商船时常出没于基隆、淡水等港口。道光二十年，鸦片战争爆发，英国炮击广东，强占港口，很快将战火蔓延至中国沿海各个商埠。英军见广州一带防守严密，难以突破，遂北上窥伺。国难当前，黄开基不畏强敌，决心狠狠打击英军嚣张气焰。他抓紧建筑炮墩，制备器械、旗帜、号衣，自雇乡勇 300 名，巡查策应，督率各庄团练义勇 3000 名，听候调拨。同时，与淡水同知曹谨的军队形成犄角之势，互相策应支援。

道光二十一年（1841 年），英军运输舰“纳尔不达号”载 270 余名英军抵达台湾基隆，“该夷船驶进门口对二沙湾炮台连发两炮，打坏兵房一间”，台湾守军奋起反击，“击沉夷船一只、杉（舢）板二只，生擒黑夷一百三十三人、斩馘白红黑夷三十二人，夺获夷炮图册”。英军知晓后，即于道光二十二年（1842 年）初，派多艘兵船来台湾探查情况，相机行事。同年，英军攻占防御薄弱的定海，并分船 3 只从梧栖港出发向台湾北面驶来，公然挑衅。黄开基按照台湾镇总兵达洪阿、兵备道姚莹的急令，严格执行避免与敌“决战海上”的防御战略，而“以计诱其搁浅，设计歼擒”，严行戒备。他与曹谨连夜召集人员商议，定下对策，各自依计行事。过了6天，英舰驶抵台湾。当天早晨，英“阿纳号”等3艘三桅军舰带领众多舢板船，从淡水和彰化交界处的大安港强行进攻。由于港口戒备森严，兵勇众多，旌旗猎猎，吼声如雷，英军几番试探都无法入港。只好调转船头，退回外洋。途经“猫雾矾”时，遇上当地渔船。英军向渔人问路，欲另寻港口进入。渔船上周梓等人早被黄开基招募，同意带其进入土地公港。英“阿纳号”军舰带领舢板船，尾随渔船向土地公港口进发，沿岸均未发现有兵勇把守，高兴异常。进港不久，敌舰触上暗礁，立即搁浅，一侧发生斜翻，海水顿时涌入船舱，英军乱作一团。这时，预先埋伏在岸上的清军发炮痛击，“阿纳号”遭受重创。经过激烈战斗，当场击毙来敌11人，生擒英国、印度官兵49人，缴获洋炮10门，铁炮、鸟枪、腰刀、图画若干。游弋在外洋的另外两艘英舰见势不对，仓皇而逃，此后几年都不敢来犯。

惩恶扬善　福泽两岸

道光二十三年（1843年），黄开基代理鹿港同知。不久，彰化县发生了械斗，事态越来越严重，波及范围也越来越大，已毁村庄500余处。台湾总兵和道台紧急商议，认为“非黄丞莫救之厄”。于是，又命黄开基兼任彰化知县。黄开基赶回彰化，深入闹事最严重的地方，理喻参加械斗之人。大家既感念黄开基的恩德，又惧怕其威严，无不痛哭流涕，跪地认错。黄开基严惩首恶，对受灾百姓逐一安抚救济，械斗事件很快得到妥善处置。

道光二十五年（1845年）正月二十六日午刻，鹿港发生6.5级地震，共塌民居4200余户，压死百姓380余人。黄开基火速筹集5000两白银赈济灾民，并委署鹿港同知共同赴受灾各处勘察倒塌民房，按“有力、无力、瓦房、草房”等不同标准，照例核实救济。他自己也慷慨解囊，捐赠薪俸，资助灾民。

因“剿办逆匪”有功，朝廷赐黄开基花翎，特补台防同知，调署淡水。道光二十八年（1848年），淡水遭遇大水灾，百姓流离失所，黄开基再次捐赠薪俸，与灾民同舟共济。在淡水期间，黄开基还致力于倡导忠孝。当地有位林春娘，因家庭贫穷，从小就给淡水大甲镇余家当童养媳。夫妇还未正式成婚，未婚夫却不幸被海浪卷走溺毙。12岁的春娘，见余家丧子断嗣，年老多病的婆婆无人照顾，遂决定终身不嫁，代夫行孝，从此婆媳相依为命。黄开基感慨林春娘“忠孝守节”，拨出官银30两，和新竹县官员林占梅一起，修建贞孝牌坊。同治二年（1863年），春娘死后，百姓将她塑成神像，供奉于淡水大甲镇镇澜宫正殿内。每遇天旱，民众就把神像请出焚香祈祷。当地人以春娘虽死而尚能赐福乡里，尊称她为“贞节妈”。为官16年，黄开基无论走到哪里，均增加赡老抚幼经费，设育婴堂，兴办学校，对贫困学生给予补助，深受百姓爱戴。

造福桑梓　乡贤深情

咸丰元年（1851年），黄开基任台湾府候补知府，不久加道台衔。后因积劳成疾，患“吐血病”，辞官还乡。临行时两袖清风，台湾百姓联名签字赠送他“万民黄龙盖伞”，以表崇敬之情。在台湾为官多年，他致力于繁荣和扩大两岸经贸交流，故事至今还在家乡流传。据《永川县志·人物志》记载，黄开基到台湾任职不久，乡绅们为表达欢迎之情，专门设宴接风。其间，敬上了一盘胡豆，一共八颗。黄开基久未品尝家乡菜，一口气吃完八颗，令在场乡绅大吃一惊。宴后方知，在台湾，胡豆号称“胡参（胡珍）”，价比人参，甚为稀罕，专用于接待贵客。黄开基遂命人赶赴家乡永川，千里迢迢运来一船胡豆种，无偿赠送给台湾农民，并授以种植之法，使得“永川胡豆”在台湾生根发芽，安家落户，普通人家也能吃上“胡参”。台湾农民为感谢黄开基对农业生产的关怀，委托罗汉山为代表，把当地盛产的良种甘蔗回敬给黄开基。黄开基返乡时，把台湾甘蔗种漂洋过海带回老家永川种植。这些良种甘蔗红皮粗壮、脆嫩化渣、甜头绵长，深受永川农民欢迎，很快得到推广，并被取名为“罗汉甘蔗”。

在永川民间还流传着一首歌谣：“董家的银子，管家的金子，黄家的顶子，寨民的谷子，喻家只有锭子（拳头）。”据《五间镇志》和黄家后人作《寻根觅本说黄家》记载，黄开基回到家乡，与弟次堂并二三戚友，为坚壁计，选喻家坡，仿照台湾海防工事修太平寨，凡所区划悉按古兵法部署。太平寨选址喻家坡最高处，于咸丰三年（1853年）底竣工。光绪十九年（1893 年），任永川知县的许曾荫在主编清光绪《永川县志》时，搜寻古迹，采访遗文。他得知邑南六十里的太平寨，四维列崄如梯，无甚险隘，在战乱中全县寨堡多被攻破，唯太平寨岿然独存，深感奇怪，亲自探访，并撰写《太平寨石文记》。文章称：“守必择险势也，太平寨周围无高山峻岭可藉，危情也。但寨墙坚固，四周或壕沟，或堰塘，或悬崖，有大小九个炮台伸出墙外，互为犄角，即在死角处也增设有三个哨楼。有大门一道，全用铁皮、铁钉、厚木装成；另有小寨门两道，平时用泥石堵塞，少有开放，当是易守难攻之寨矣。”

这里还发生过著名的“老虎连血洒喻家坡”的故事，近20个南征北战都不曾倒下的英雄在这里把淋漓的鲜血抛洒。解放初期，永川国民党残余势力勾结地方土匪，疯狂地向新生人民政权反扑，攻打政府，抢劫公粮，危害百姓，无恶不作，企图夺回已经失去的政权。1950 年3 月，解放军三十五师一〇三团一营老虎连武力攻取太平寨，激战一天一夜，牺牲 2 名排长、15 名战士，仍久攻不下。最终，大部队增援，调来迫击炮等重武器，炮轰寨墙，打开缺口，方突破封锁，剿灭匪患，彻底粉碎了国民党残余势力企图推翻永川县新生人民政权的阴谋。黄土埋忠骨，丹心照史篇。为纪念这些革命烈士，1977 年，永川县政府在当年解放军进攻太平寨的突破口处建立了烈士陵园。

重庆发现清台湾知府黄开基墓内碑

黄开基还曾立下黄氏家训十一条：孝父母，戒打斗，戒非为，崇节俭，睦宗族，明礼让，和乡邻，务本业，隆师道，守法律，戒轻谱。他曾诗曰：“骏马堂堂出异乡，随缘到处立纲常。年深外境犹吾境，日久他乡即故乡。朝夕莫忘亲命语，晨昏当荐祖宗香。苍天若肯垂庇佑，三七男儿总炽昌。”“先开元秉，大振家声”，这既是黄氏一族的字辈排行，也寄予着对后人的殷切希望。

咸丰六年（1856 年），黄开基病故。噩耗传到台湾，彰化、鹿港、淡水三地人民自发为其建塔立碑纪念，尊他为“台湾公”。至今在台湾，还有黄公塔、黄公碑。

（陈欣如）

参考资料

1. 重庆市地方志办公室编纂委员会：《重庆名人辞典》，四川大学出版社，1992

2. 四川省永川县志编修委员会：《永川县志》，四川人民出版社，1997

3. 白纯：《鸦片战争中台湾军民的抗英斗争述略》，《南京政治学院学报》2010 年第 3 期

4. 《发掘上游“永川龙”惊海外　抗敌爱民“台湾公”受尊崇》，永川网，2016 年 7 月 14 日

5. 《重庆发现清台湾知府黄开基墓内碑》，光明网，2015 年 3 月 19 日

余栋臣

余栋臣（1851—1912）　清末反洋教起义领袖，清末民初四川省重庆府大足县（今重庆大足）龙水镇人。

余栋臣幼时家贫失学，便以挑煤为生，能负重，远非常人比，身体极壮，臂力过人，故人称“余蛮子”。时西山产煤，河流小，不通舟楫，全靠人力运输，运煤者日以千计。余栋臣力大且有胆略，好为人抱不平，故运煤者均喜与之交，连缙绅亦不敢小视他。

余栋臣生活的时代，正是鸦片战争后清王朝腐朽没落之时，帝国主义以传教为名深入中国内地进行文化侵略。仅四川而言，到光绪十八年（1892 年）就建教堂 161 座，建立传教据点 1239 处。大足县龙水镇龙西和石马两处，法国传教士霸占良田 2700 多亩。这些披着宗教外衣的传教士享有外交特权，在中国土地上为非作歹，估逼良民和收罗地痞、流氓、土豪劣绅入教，残酷压榨剥削乡民。

清光绪十二年（1886 年）六月十九日，重庆大足县龙水镇人民因不堪外国传教士肆虐，奋起反抗，拆毁龙水镇、万古场等地的教堂。光绪十三年（1887 年），教堂不准炭工在龙水镇人文桥上卖煤，余栋臣等带领龙水附近西山煤窑和纸厂的工人再次捣毁教堂。法国传教士彭若瑟与县令钱葆棠勾结，杀人放火，大肆镇压百姓。

该年，余栋臣等又将重建的龙水镇教堂夷为平地。但教士又纠集民工重建，并扩展地基，加厚围墙。光绪十六年（1890 年），教堂重修完工，适值当地传统的灵官庙会会期临近，教士彭若瑟胁迫知县发布告示，严禁迎神赛会，并派兵守卫教堂。灵官庙会期间，又发生教徒打死群众和烧毁民房事件，群众怒不可遏，奋起捣毁教堂。

传教士逼迫知县惩办“凶首”。县令认为三次打教皆为富绅蒋赞臣指使，遂派兵捉拿。蒋避于其表兄余栋臣家。余即约同余翠坪、余海坪、唐翠屏、李玉亭、李尚儒等组织煤窑纸厂工人和挑贩百余人起事。8 月 8 日余翠坪率人进攻龙水镇，杀死教民 11 人，毁房 200 余家。邻近的马跑场、蒋家坝民众，也焚毁教堂，群起响应。四川总督刘秉璋派桂天培带兵到大足镇压。嗣后，蒋赞臣投降官军，而余栋臣则率军转入山区坚持斗争。1893 年，重庆关道张华奎与法国主教舒福隆议定，以赔偿白银 5 万两修建教堂，并允诺缉捕余栋臣结案。

光绪二十四年（1898 年）4 月，巴县知县王炽昌诱捕余栋臣，械送至荣昌县监禁。消息传出，人心激愤。蒋赞臣、唐翠屏、张桂山等率众数百人劫狱营救，将余栋臣拥归大足。余栋臣当即宣布起义。哥老会党人踊跃参加，不到 10 天，聚众 6000 多人；推选余栋臣、蒋赞臣、唐翠屏等为正副首领；5 月，捕获巴黎外方传教士华芳济为质，并公布其包揽词讼、强买田产等罪行；发布檄文，痛斥列强罪恶，宣称“自古夷狄之横，未有甚于今日者”。清政府派兵进剿，在三教场为张桂山所败，余栋臣分头攻打永川、江津、重庆、铜梁、内江、安岳等地，在铜梁又捕华籍司铎黄用中为质，各县纷纷响应，“计闹教三十余州县，焚毁教堂医馆二十余处”，震动全国。面对这一事态，清政府屡令川督剿抚兼施。10 月，四川布政使王之春派统帅周万顺到余栋臣营内招抚，“准其自新”。蒋赞臣、余栋臣力主受抚，但张桂山等坚决反对，欲杀华芳济和周万顺，后周万顺亦被扣留。12 月，清政府决意进剿。光绪二十五年（1899 年）1 月，余栋臣带华、周二人下山投降，张桂山等部离散，起义失败，终以清政府向法国赔偿白银 118 万两结案。

该年秋，起义军在资中、内江等地与清军决战，唐翠屏战死，义军被迫退回大足县西山。后来，在清政府“不以叛逆治罪禁锢终生”“厚给其养”的许诺下，余栋臣与蒋赞成释放了洋教士华芳济，被迫缴械。余栋臣被关押于成都狱中。

1912 年辛亥革命后，余栋臣获释回大足，后被川军第一师师长周骏捕杀于永川南门。

余栋臣墓

余栋臣起义不仅是反帝爱国的，而且含有反封建的因素和内容。义和团运动作为我国近代史上第二次革命高潮，是以粉碎帝国主义瓜分中国的阴谋的历史功绩被载入史册的，而被视为义和团运动的先导、我国近代史上一次大规模武装反帝运动的重庆大足余栋臣起义，其历史功绩和影响应受到肯定。余栋臣起义，是在 19 世纪末帝国主义势力已侵入中国内地，争相掠夺瓜分中国领土，并在四川设领事、开商埠后，民族矛盾已逐渐上升为社会主要矛盾的形势下爆发的。这次起义，一些封建士大夫营垒的知识分子也积极参加了战斗，并起了较重要的作用，为武装反帝运动贡献了力量。他们是一些具有反帝爱国思想的知识分子，其历史作用和影响是巨大的。

（赵锐涛）

参考资料

1. 大足县县志编修委员会：《大足县志》，方志出版社，1996

2. 重庆市地方志办公室编纂委员会：《重庆名人辞典》，四川大学出版社，1992

邹　容

邹容（1885—1905）原名桂文，字蔚丹，又名威丹、绍陶，清光绪十一年（1885年）出生在重庆夫子池洪家院子一商人家庭，童年和少年时期都是在家乡重庆度过的，其著作《革命军》被誉为中国近代的《人权宣言》，是我国辛亥革命的先驱，著名的资产阶级民主革命家。无产阶级革命家吴玉章诗赞之“风雨巴山遗恨远，至今人念大将军”。

邹容像

探求民主真理

年少时期，聪颖慧敏的邹容在熟读四书、五经、《史记》《汉书》等经典著作的同时，深受明末清初著名抗清英雄张煌言、郑成功等人的影响，尤其尊崇明末抗清少年英雄夏完淳，时常背诵夏的诗文，反清革命的种子在心中早已萌芽。光绪二十三年（1897 年），十二岁的邹容与大哥邹蕴丹一起参加巴县童子试，发现考题晦涩生僻，大胆地向主考官提出疑问，继而与之互辩，不料却被主考官视为犯上，要差人打他板子。邹容年龄不大，骨气却不小，为表示反抗，愤然弃考。回家后，父亲邹子璠便从大儿子口中得知了邹容闹考场一事，立即痛打了他一顿，考场上省下的板子，父亲终还是给补上了。面对一心希望儿子考取功名、光耀门楣的父亲，邹容说："衰世科名，得之又有何用?"父亲没法，只好将他送到重庆经学书院就读，寄望书院名儒吕翼文等可以教化儿子。在经学书院，邹容学有进益，但仍秉持本心，常"与人言，指天画地，非尧舜，薄周孔，无所避"。山长（即院长）吕翼文害怕邹容的言行早晚牵累自己，不久便将其开除出书院。

邹容像

甲午战争后，帝国主义掀起了瓜分中国的狂潮，中华民族危机空前严重，以康有为、梁启超为代表的维新派发动了具有爱国救亡意义的维新变法运动，维新风气也吹到了山城重庆。此时，邹容大量阅读《天演论》《时务报》《渝报》《蜀学报》等进步书报，其中尤其喜读维新志士谭嗣同的《仁学》，广泛吸收新思想。光绪二十四年（1898 年），当谭嗣同等在北京惨遭清廷杀害的消息传到重庆时，一向钦慕谭嗣同的邹容异常悲痛，为表哀悼纪念，特意找到谭嗣同的遗像，挂在自己座旁，并作诗“赫赫谭君故，湖湘士气衰，惟冀后来者，继起志勿灰”，以此激励自己，也更坚定了救国报国的信念。为了向外寻求救国真理，邹容跟在重庆的日本人成田安辉、井户川辰三学习日语，还从他们那里学习到莎士比亚的戏剧，知道了苏格拉底、柏拉图、卢梭等人，尤其欣赏卢梭。至光绪二十七年（1901 年），清政府开始实施新政，提倡出国留学。同年，四川选派首批留日学生二十二名，5 月 16 日，邹容力排舅父刘华廷等人的反对，毅然赴成都考试，并成功考取；6 月 15 日，经江叔澥举荐，同知府李立元（留日领队监督人）一起拜谒四川总督奎俊，获勉励数语，并命其回渝准备行装，于 8 月中旬同队赴日。不料，临近出发前，邹容却被突然告知已将其除名，理由竟是“聪颖而不端谨”。大概是邹容以前对腐朽清政府不满的一些言行传到了奎俊耳里。就这样，他失去了官费留日的资格，然而他去日本求学的决心十分坚决，公费不行，就自费。在他的几番努力争取下，父亲终于同意出资供其留日学习。这年秋，邹容离开生于斯长于斯的重庆，到达上海，进入江南制造局附设的广方言馆补习日语。光绪二十八年（1902 年）8 月，邹容东渡日本，入东京神田区同文书院学习。

发布革命宣言

留日期间，邹容积极探求西学，潜心阅读了卢梭的《民约论》、孟德斯鸠的《万法精理》等资产阶级启蒙著作，同时投身于孙中山领导的爱国民主运动中。光绪二十九年（1903 年），留日学生召开新年团拜大会，大会的主导思想为“革命排满”，由孙中山亲自确定。同以往一样，邹容在这次大会上发表了激情昂扬的演讲，力倡排满，言辞恳切，深富感召力，在留日学生中产生了深远的影响。3 月，邹容等人发现了清廷所派陆军学生监督姚文甫的奸私丑事，与好友张继等五人，闯入姚的寓所，痛打姚文甫，并拿剪刀剪去了姚的辫子，悬挂在留学生会馆的正梁上，见者无不称快。驻日公使蔡钧得知后大为光火，照会日本政府，要求缉拿邹容。朋友们纷纷劝告邹容暂时避一避，4 月，邹容回国，到达上海，进入蔡元培任学校总理的爱国学社，在这里结识了章太炎、章士钊等人，并发表出版了著名的《革命军》。当时，邹容拿着留日期间所作《革命军》的稿子请亦师亦友以兄弟相称的章太炎为之润色，章一看文稿，大加赞赏，说“吾持排满主义数岁，世少和者，以文不谐俗故。欲谐俗者，正当如君书”，并欣然为之作序，后序文发表于上海的《苏报》。在章太炎的介绍下，5 月，《革命军》由大同书局出版，署名革命军中马前卒邹容。6 月 9 日，章士钊在《苏报》发表文章介绍《革命军》：“笔极犀利，文极沉痛，稍有种族思想者，读之当无不拔剑起舞，发冲眉竖。若能以此书普及四万万人之脑海，中国当兴也勃焉。”《革命军》一书，共设绪论、革命之原因、革命之教育、革命必剖清人种、革命必先去奴隶之根性、革命独立之大义、结论 7 章，2 万余字。书中，邹容提出要“扫除数千年种种之专制政体，脱去数千年种种之奴隶性质”“使中国大陆成干净土”

邹容《革命军》

“竖独立之旗，撞自由之钟”；发出“我中国今日不可不革命；我中国今日欲脱满洲人之羁缚，不可不革命；我中国欲独立，不可不革命；我中国欲与世界列强并雄，不可不革命；我中国欲长存于二十世纪新世界上，不可不革命；我中国欲为地球上名国、地球上主人翁，不可不革命”的革命宣言，倡议四万万同胞共同建立自由独立的中华共和国。文字浅显易懂，振聋发聩，直指人心。由此一经问世，如雷霆之声，惊醒数万沉睡的中国人，很快便销售一空，“凡摹印二十有余”“远道不能致者，或以白金十两购之”“清关邮不能禁”。孙中山还特别随身携带《革命军》，将其作为同保皇派论战的思想利器，并先后翻印万余册分寄美洲、南洋各地华侨，以作革命宣传之用，在华侨中深受欢迎，广开革命风气。鲁迅曾指出：“便是悲壮淋漓的诗文，也不过是纸片上的东西，于后来的武昌起义怕没有什么大关系。倘说影响，则别的千言万语，大概都抵不过浅近直截的‘革命军马前卒邹容’所做的《革命军》。”

壮志未酬憾逝

因《革命军》宣传反清排满，在民众中影响甚深，很快就引起了清政府的特别敌视和恐慌，遂勾结英帝国主义，制造了震惊中外的“《苏报》案”。光绪二十九年6月29日、30日，上海工部局巡捕查封报馆，闯入爱国学社，逮捕了章太炎等五人。其时邹容在一英国传教士住所内，本可以躲过这场灾难，但当他听闻章太炎被捕入狱的消息，不愿独善其身，竟徒步走到捕房自首。英巡捕看他面相稚嫩，觉得怎么可能是作《革命军》之人呢，骂他是不是有病，让他赶紧走开。邹容凛然地对巡捕说：“不信的话，拿《革命军》来，一一讲给你听，看到底是与不是，若不是本人，肯自投罗网？”巡捕无法，交由捕头，经核实确是邹容本人，将其收押。后清政府作为原告方，向章太炎、邹容等人进行控告，经公共租界会审公廨几经审讯，12 月，拟判章太炎、邹容永远监禁之罪，二人从福州路老闸巡捕房被移送至提篮桥监狱。就要在铁窗里度过一生，邹容想起了家乡重庆，想起了未尽的革命事业，以诗感怀，留下了《涂山》：苍崖坠石连云走，药叉带荔修罗吼。辛壬癸甲今何有，且向东门牵黄狗。1904 年 5 月，经领事公会复议，下达最终判决，判章太炎监禁三年，邹容监禁二年，罚做苦工，从去年拘获之日算起，追服刑期满，逐出租界。在狱中，章太炎、邹容"两人日会聚说经，亦时时讲佛典"，共赴苦难，互相勉励，章太炎赠诗邹容："邹容吾小弟，被发下瀛洲。快剪刀除辫，干牛肉作糇。英雄一入狱，天地亦悲秋。临命须掺手，乾坤只两头。"邹容在狱中亦写诗明志："一朝沦地狱，何日扫妖氛！昨夜梦和尔，同兴革命军。"然邹容终因年少体弱，内心刚强不堪凌辱，"狱卒始不以人道相待"，且"以少年为狱囚，狱卒数侵之，心不能平，又啖麦麸饭不饱，益愤激"，至光绪三十一年（1905 年）正月狱期将满之时病倒了。章太炎懂医术，请求狱卒长允自己为邹容把脉诊治，不准；又请求找医生为邹容看病，不批。病四十日，邹容已形销骨瘦。而后，会审公廨终于同意保释。出狱前一天，邹容去工部局医院就医，不料服下医师开的药不久，病情却更加严重，于 4 月 3 日凌晨 4 点，病死于狱中，年仅二十岁。追至收殓时，"髀肉尽消，空存皮骨"。后停灵于上海四川会馆，中国教育会同仁筹划安葬一事，及至昔日留学好友刘季平（刘三）于光绪三十二年（1906 年）初回国，寻得亡友遗骸安葬在自己的老家上海华泾黄叶楼旁。邹容的英年早逝，给世人留下了无尽的悲痛和遗憾。柳亚子作《哭邹威丹烈士》，有"蜀中王气今何在，放眼乾坤少一头""自由死矣公不死，三百年来第一流"。老友章太炎于民国十一年（1922 年）寻访到华泾邹容墓后，数次祭奠，并整修墓茔，作

《赠大将军邹君墓表》，国民党元老于右任书写勒石于墓地。

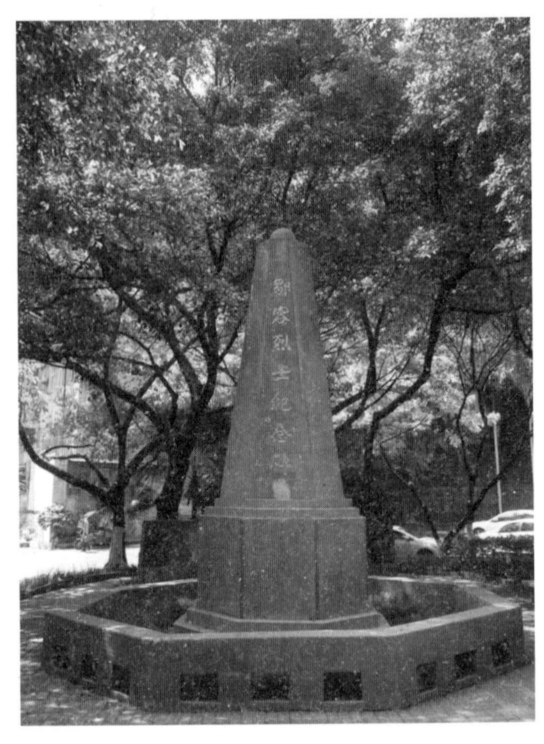

邹容烈士纪念碑

1912 年中华民国建立后，孙中山以临时大总统名义签发命令，追赠邹容为陆军大将军。重庆蜀军政府将邹容列为四川死难烈士第一名，加以表彰。为了纪念邹容，民国三十二年（1943 年），邹容出生地的街道改名为邹容路；民国三十五年（1946 年），在重庆南区公园建邹容纪念碑，2000 年，纪念碑被重庆市政府列为直辖后第一批市级文物保护单位。

（杨祖静）

参考资料

1. 廖伯康、李新、隗瀛涛等：《论邹容》，西南师范大学出版社，1987

2. 周永林：《邹容文集》，重庆地方史资料组，1982

3. 章士钊：《介绍〈革命军〉》，《苏报》1903 年 6 月 9 日

4. 鲁迅：《鲁迅全集（第一卷）》，人民文学出版社，1973

5. 《邹容狱毙》，《申报》1905 年 4 月 4 日

6. 亚卢：《哭威丹烈士》，《醒狮》1905 年第 2 期

编 后 记

2018 年 3 月 10 日，习近平总书记在参加十三届全国人大一次会议重庆代表团审议时强调，领导干部要讲政德，其核心要义是“明大德、守公德、严私德”。习近平总书记的讲话，充分体现了以习近平同志为核心的党中央对重庆工作的殷切期望和对重庆 3300 万干部群众的关心、关怀，在重庆改革发展进程中具有重要意义，对彻底肃清孙政才恶劣影响和薄熙来、王立军流毒，重整行装再出发，营造风清气正的良好政治生态，具有重大的指导作用。为把党的十九大精神和习近平总书记重要讲话精神全面落实在重庆大地上，引导广大干部群众牢固树立“四个意识”、坚决维护习近平总书记核心地位、坚决维护以习近平同志为核心的党中央权威和集中统一领导，进一步弘扬优秀传统文化，方便干部群众了解重庆历史政德人物，为共产党人坚守政治品德提供丰厚精神滋养，进一步提高重庆干部群众的文化自信，弘扬正气，摒弃陋习，更好地推进新时代中国特色社会主义伟大事业，重庆市地方志办公室结合全市第二轮地方志编修工作实际，启动了《重庆历史政德人物》的编写工作。

“行千里，致广大。”重庆是一座山水之城，大开大合的自然环境，造就了重庆人民忠勇节义、豪放包容的精神气质；重庆也是一座具有光荣革命历史传统的英雄城市，在近 3000 年的漫漫历史长河中，涌现出了许许多多的优秀历史人物。他们追求进步，激流勇进，敢做时代的先锋；他们忧国忧民，忠诚爱国，在大是大非面前信念坚定；他们敦厚耿直，清廉修身，奉公为民，心底无私天地宽。在他们身上，集中体现着巴渝文化中最优秀的文化内核。但在历史上，重庆也出现了“袍哥文化”“码头文化”“江湖文化”等低俗文化，时至今日仍有一定“市场”，对本地干部群众造成了一定的消极影响。我们编写重庆历史上部分著名政治、军事、文化人物“明大德、守公德、严私德”的故事，正是希望能继承巴渝文化的宝贵精神品格，弘扬社会主义核心价值观，引导读者摒弃和消除消极文化的不利影响。

《重庆历史政德人物》于2018年4月启动编写，编写者均为重庆市地方志办公室的工作人员。在日常工作任务繁重、办内工作人员又严重不足的情况下，我们动用全办力量，历经两个月的紧张编写和修改，终于付梓。书中人物的编写，广泛参考了已公开的史籍、党史、学术论文等资料，资料存在矛盾之处的，均经过编者的考辨，力求做到客观、公正、准确；本书的编写，还得到了西南师范大学出版社的大力支持和帮助。在此，一并对资料作者和出版者表示衷心感谢！由于编写时间较短，加上涉及人物众多，资料冗杂，受编者水平所限，难免挂一漏万，疏漏错误之处，望广大读者不吝批评与指正！

榜样的力量是无穷的。细细品读优秀历史人物的故事，感受和学习他们的精神品质和人格力量，能够时刻警醒我们，不忘初心、牢记使命，向着中华民族伟大复兴的“中国梦”奋勇前进。愿本书能为重庆干部群众提供一份醇厚的精神滋养，为开启新征程、建设新时代提供一份绵薄的文化助力。

《重庆历史政德人物》编写组

2018年7月